AF691026

DISCLAIMER

The author and publisher are providing this book and its contents on an "as is" basis and make no representations or warranties of any kind with respect to this book or its contents. The author and publisher disclaim all such representations and warranties, including but not limited to warranties of merchantability. In addition, the author and publisher do not represent or warrant that the information accessible via this book is accurate, complete, or current.

Except as specifically stated in this book, neither the author nor publisher, nor any authors, contributors, or other representatives will be liable for damages arising out of or in connection with the use of this book. This is a comprehensive limitation of liability that applies to all damages of any kind, including (without limitation) compensatory; direct, indirect, or consequential damages; loss of data, income, or profit; loss of or damage to property; and claims of third parties.

BESTACTIVITYBOOKS.COM

FIRST EDITION - Published 2022

Extra Graphic Material From: www.freepik.com
Thanks to: Alekksall, Starline, Pch.vector, Rawpixel.com, Vectorpocket, Dgim-studio, Upklyak, Macrovector, Stockgiu, Pikisuperstar & Freepik.com Designers

5 TIPS TO START!

1) HOW TO SOLVE

The Puzzles are in a Classic Format:

- Words are hidden without breaks (no spaces, dashes, ...)
- Orientation: Forward & Backward, Up & Down or in Diagonal (can be in both directions)
- Words can overlap or cross each other

2) ACTIVE LEARNING

To encourage learning actively, a space is provided next to each word to write down the translation. The **DICTIONARY** allows you to verify and expand your knowledge. You can look up and write down each translation, find the words in the Puzzle then add them to your vocabulary!

3) TAG YOUR WORDS

Have you tried using a tag system? For example, you could mark the words which have been difficult to find with a cross, the ones you loved with a star, new words with a triangle, rare words with a diamond and so on...

4) ORGANIZE YOUR LEARNING

We also offer a convenient **NOTEBOOK** at the end of this edition. Whether on vacation, travelling or at home, you can easily organize your new knowledge without needing a second notebook!

5) FINISHED?

Go to the bonus section: **MONSTER CHALLENGE** to find a free game offered at the end of this edition!

Want more fun and learning activities? It's **Fast and Simple!**
An entire Game Book Collection just **one click away!**

Find your next challenge at:

BestActivityBooks.com/MyNextWordSearch

Ready, Set... Go!

Did you know there are around 7,000 different languages in the world? Words are precious.

We love languages and have been working hard to make the highest quality books for you. Our ingredients?

A selection of indispensable learning themes, three big slices of fun, then we add a spoonful of difficult words and a pinch of rare ones. We serve them up with care and a maximum of delight so you can solve the best word games and have fun learning!

Your feedback is essential. You can be an active participant in the success of this book by leaving us a review. Tell us what you liked most in this edition!

Here is a short link which will take you to your order page.

BestBooksActivity.com/Review50

Thanks for your help and enjoy the Game!

Linguas Classics Team

1 - Food #1

T	P	C	L	V	K	M	M	K	H	I	R	U	T
I	O	E	L	E	M	U	N	T	S	A	M	I	U
T	A	F	A	R	N	U	W	A	U	L	Q	Z	R
V	R	B	U	R	U	W	A	K	K	B	M	J	A
S	A	U	R	A	N	C	I	K	A	A	A	T	W
G	L	A	P	Q	X	S	X	D	R	S	D	X	A
L	A	G	V	B	G	M	R	V	I	A	A	J	J
C	Y	L	K	B	X	G	I	S	H	I	R	I	X
N	Y	S	D	A	X	U	G	Y	A	D	A	C	J
S	A	L	A	K	I	R	F	A	A	N	J	T	J
Q	F	S	H	A	I	R	A	P	R	I	C	O	T
K	O	W	V	R	K	I	F	I	N	T	U	N	A
Q	K	G	E	A	Z	Z	D	P	S	D	H	B	V
I	L	C	N	S	I	K	S	X	K	E	D	Q	W

APRICOT
SHA'IR
KARAS
KIRFA
TAFARNUWA
RUWA
LEMUN TSAMI
MADARA
ALBASA
GYADA
PEAR
SALAK
GISHIRI
MIYA
ALAYYAFO
SAURANCI
SUKARI
TOFU
KIFIN TUNA
TURAWA

2 - Castles

D	Q	J	A	M	Y	Z	N	Y	A	R	I	M	A
F	O	K	V	S	G	M	M	K	D	K	K	S	F
K	T	X	D	T	G	K	P	S	H	L	Z	U	E
G	B	D	F	L	X	U	T	P	J	Z	I	B	Z
I	W	R	G	A	R	K	U	W	A	K	S	P	K
M	H	A	J	C	D	T	A	K	O	B	I	X	C
B	A	G	F	A	Z	A	K	N	D	A	C	E	P
I	S	O	K	A	T	C	R	G	O	N	N	Y	X
Y	U	N	I	C	O	R	N	E	K	G	Q	M	E
A	M	L	G	R	K	A	M	B	I	O	K	E	D
A	I	W	S	C	C	D	A	U	L	A	R	N	Z
R	Y	K	Y	A	U	T	A	E	L	K	X	U	U
K	A	F	Y	T	K	H	E	X	Z	K	M	K	O
O	X	P	L	P	R	A	G	A	S	K	I	Y	A

ARKO
GWAFA
KAMBI
DRAGON
DAULAR
MULKI
DOKI
GASKIYA
KYAUTA

FADAR
YARIMA
GIMBIYA
GARKUWA
TAKOBI
HASUMIYA
UNICORN
BANGO

3 - Measurements

N	O	X	D	M	M	B	M	Y	W	T	A	D	N
G	A	D	M	E	I	Y	B	E	J	D	F	I	U
L	R	Z	S	A	N	T	I	M	I	T	A	G	N
I	C	A	A	M	T	E	Y	Z	W	C	F	I	A
T	K	A	M	M	I	Z	K	M	I	Z	E	R	E
A	C	K	X	D	A	W	T	U	H	I	O	I	R
U	A	S	I	X	Z	N	D	R	J	H	Q	M	E
T	A	R	O	L	K	X	I	Y	U	B	L	I	K
O	Z	A	A	O	O	M	N	A	B	D	V	T	T
T	V	E	V	F	K	G	Z	U	R	F	I	A	S
S	A	U	T	I	N	O	R	P	X	A	J	K	A
O	C	K	R	N	M	E	P	A	S	D	B	R	Y
R	K	R	K	C	K	W	R	K	M	A	S	D	I
O	B	J	K	I	L	O	M	I	T	A	K	I	J

BYTE
SANTIMITA
NA ZAMANI
DIGIRI
ZURFI
GRAM
TSAYI
INCI
KILOGRAM
KILOMITA
TSORO
LITA
TARO
MITA
MINTI
OZA
SAUTIN
MURYA
NUNA
FADA

4 - Farm #2

A	T	M	M	A	S	A	R	A	O	Y	T	D	X
Z	A	G	A	Z	K	J	D	F	R	A	L	U	G
H	R	Z	N	D	Z	L	P	L	X	Y	A	K	N
A	A	D	O	A	A	V	S	K	K	A	A	R	D
R	K	P	M	N	O	R	K	H	Y	X	I	L	G
S	T	C	I	T	O	Y	A	W	A	A	L	W	Z
H	A	H	B	U	R	U	W	A	R	I	U	T	K
E	A	B	I	N	C	I	D	M	A	E	R	T	O
N	K	P	E	K	H	M	A	J	I	X	X	U	A
W	H	E	C	I	A	K	B	J	F	N	R	M	J
U	H	B	Q	Y	R	Q	B	U	K	O	G	A	O
T	J	B	L	A	D	Q	O	K	L	M	O	K	R
A	L	A	M	A	Q	D	B	W	N	A	X	I	M
Z	T	J	H	L	T	W	I	N	D	I	L	L	R

DABBOBI
SHA'IR
YARA
MASARA
DUK
MANOMI
ABINCI
'YA'YA
RUWA

DAN TUNKIYA
HARSHEN WUTA
KYAUTA
MADARA
ORCHARD
TUMAKI
TARAKTA
ALAMA
WINDILL

5 - Books

K	J	X	G	J	Y	B	F	M	W	E	K	M	T
P	V	G	P	E	F	Z	N	A	A	T	V	A	A
F	D	A	Z	R	B	T	E	I	K	N	Y	L	R
D	D	B	A	I	P	V	S	H	A	F	I	U	I
M	A	K	A	D	U	W	A	A	L	I	I	M	R
H	A	C	A	D	A	B	I	N	M	Z	L	C	U
F	C	R	E	V	N	Y	B	K	A	H	A	I	B
Z	S	C	U	W	I	K	T	A	R	I	H	I	U
J	P	M	Y	B	A	K	S	L	A	E	M	O	T
W	K	K	Q	U	U	K	Y	I	Q	Q	N	X	U
L	A	B	A	R	I	C	X	A	Q	B	K	K	H
D	U	N	I	Y	A	B	I	J	U	L	J	T	D
T	A	G	W	A	Y	E	L	R	W	T	F	Y	A
M	A	I	K	A	R	A	T	U	D	L	A	T	P

KADUWA
MARUBUCI
TARI
DUNIYA
TAGWAYE
ALMARA
TARIHI
MAI HANKALI
KYAUTA
ADABI
SHAFI
WAKA
MAI KARATU
DACEWA
JERI
LABARI
MALUMCI
RUBUTU

6 - Meditation

M	W	M	H	O	M	F	H	Z	K	T	L	A	W
A	B	F	Y	F	O	O	A	Y	R	U	V	Y	S
L	K	Y	A	U	T	A	N	L	O	N	B	E	C
H	O	Y	R	D	S	O	K	J	R	A	U	J	G
E	O	D	D	O	A	F	A	D	A	N	K	I	E
R	K	H	A	S	L	B	L	R	C	I	N	P	A
I	W	I	I	N	Q	U	I	G	Z	M	M	Y	Z
K	A	H	Ɗ	X	A	Y	X	A	O	B	U	J	T
L	N	N	U	A	Q	A	N	B	O	D	T	A	A
A	T	C	T	W	X	G	G	K	S	H	I	R	U
Z	A	M	A	N	L	A	F	I	Y	A	J	Y	S
N	N	M	Ƙ	P	S	Z	R	G	H	B	D	M	A
Z	K	B	L	J	K	N	C	V	V	J	M	Y	Y
M	W	Z	Q	C	I	L	H	N	F	S	M	M	I

YARDA
FADA
KWANTA
KYAUTA
TAUSAYI
GODIYA
ALHERI
HANKALI
MOTSA
KIƊA
DABI'A
ZAMAN LAFIYA
SHIRU
TUNANI

7 - Days and Months

W	L	H	C	L	K	H	T	L	I	Q	I	E	T
I	A	I	M	Z	M	O	O	M	A	R	I	S	X
I	P	T	T	K	K	H	P	T	G	R	M	R	O
J	A	N	A	I	R	U	N	J	U	M	A	A	J
V	H	Z	Z	L	N	L	Y	Q	S	I	P	B	H
A	F	R	I	L	U	I	O	K	T	O	B	A	A
Y	A	T	M	N	S	K	N	L	A	H	A	D	I
A	B	A	S	A	T	U	M	B	A	S	S	N	W
L	R	L	Y	K	A	L	A	N	D	A	A	O	I
H	A	A	S	H	E	K	A	R	A	A	B	M	K
A	I	T	Y	N	U	O	K	Z	C	W	A	B	U
M	R	A	U	Z	C	K	U	L	Q	V	R	A	G
I	U	B	L	T	P	Y	K	K	U	D	R	W	W
S	F	P	I	Q	P	K	J	K	W	S	A	T	I

AFRILU
AGUSTA
KALANDA
FABRAIRU
JUMA'A
JANAIRU
YULI
MARIS
LITININ
WATA
NOMBA
OKTOBA
ASABAR
SATUMBA
LAHADI
ALHAMIS
TALATA
LARABA
SATI
SHEKARA

8 - Chess

E T C E E M E X X H K S W W
W J K M A U J N U U B A K I
A L M Ƙ M L N N B L D R G S
Y C T D R K A I U P A K K A
G A S A R I B Y G Ƙ N I Z D
X G A B Q D K V I Y W C S A
D U B A Z A K A R A A Ƙ A U
G E Ƙ R R X U F J N S R R K
W A V U V O E V Y A A I A A
A A S N I H C Z W D X V U R
F Z S K C B L O K A C I N W
A D I A I R P T P W B L I A
R C G X K Y L X W A M O Y Q
I Q M I U I A V J P F Y A M

BAKI
ZAKARA
GASKIYA
LAYI
WASA
SARKI
'YAN ADAWA
MULKI
DAN WASA
SARAUNIYA
SADAUKARWA
DABARUN
LOKACI
GASAR
FARI

9 - Food #2

G	C	E	L	E	R	Y	C	A	K	U	L	A	N
O	U	E	G	G	P	A	J	E	R	H	Q	D	A
Q	K	T	K	A	Z	A	P	F	R	E	P	K	M
I	U	U	W	L	L	Z	B	P	P	I	A	I	A
G	N	M	A	A	R	C	G	A	L	K	Y	F	N
M	D	A	I	M	S	J	Q	R	D	E	A	I	A
K	U	T	B	A	I	U	Q	T	M	W	B	T	L
W	K	I	W	I	M	S	H	I	N	K	A	F	A
D	I	R	K	W	A	I	V	C	Y	J	A	V	D
B	R	O	C	C	O	L	I	H	O	G	A	C	E
U	P	V	K	N	S	B	I	O	G	D	X	T	F
Q	R	K	Z	O	P	O	E	K	U	D	Y	F	X
D	T	B	V	R	K	R	M	E	R	B	P	E	T
N	A	M	A	N	K	A	Z	A	T	P	O	V	X

APPLE
ARTICHOKE
AYABA
BROCCOLI
CELERY
CUKU
CERI
KAZA
CAKULAN
KWAI

KWAI
KIFI
INABI
NAMAN ALADE
KIWI
NAMAN KAZA
SHINKAFA
TUMATIR
ALAMA
YOGURT

10 - Family

L	U	Q	N	G	S	M	W	Q	C	E	R	N	U
D	T	D	A	N	W	A	I	D	A	N	U	W	A
Y	U	T	U	U	P	K	A	J	I	K	A	C	C
D	F	D	B	B	M	A	D	I	I	M	A	T	A
J	P	E	A	A	J	B	M	K	A	N	E	U	X
F	W	Z	K	A	K	A	F	A	S	T	N	C	L
N	Y	O	A	X	D	M	F	N	I	C	E	I	G
U	T	P	K	L	S	T	K	W	B	I	J	L	S
V	W	G	A	Y	B	C	K	C	F	Y	A	R	A
I	D	A	N	Y	A	R	U	W	A	A	G	T	L
C	N	B	E	A	I	C	J	N	D	R	N	H	G
L	M	N	Z	R	K	X	I	I	A	O	F	S	I
U	O	K	A	P	R	C	O	J	F	T	S	U	A
H	G	A	J	E	V	N	D	L	E	S	V	Y	E

KAKANE
INNA
YARO
YARA
DAN UWA
'YAR
UBA
JIKAN
KAKA

JIKA
MIJI
UWA
DAN WA
NICE
NA UBA
YAR'UWA
KANE
MATA

11 - Farm #1

Z	U	M	A	D	W	C	Y	Y	P	K	A	R	E
A	S	H	I	N	K	A	F	A	Y	K	A	M	Y
K	W	F	D	O	U	B	M	A	G	E	R	Z	A
W	Q	A	O	N	D	I	A	U	S	A	U	V	A
A	C	R	K	A	A	S	R	F	X	K	W	S	F
I	B	K	I	I	N	O	A	R	R	Q	A	C	E
Z	Z	O	W	N	Z	N	K	J	I	K	I	O	D
L	T	X	Q	D	U	G	I	T	T	D	Y	W	O
C	G	D	V	V	M	X	B	N	A	S	M	U	T
P	K	I	Z	M	A	K	U	Y	K	A	A	Z	J
X	Z	S	O	E	F	F	I	L	I	N	A	R	M
T	P	U	C	G	J	N	V	D	K	N	K	J	I
P	Z	K	P	C	C	K	K	O	M	U	Y	U	N
F	V	I	Z	H	G	U	M	K	J	B	Y	N	H

NONA
KUDAN ZUMA
BISON
MARAKI
MAGE
KAZA
SANNU
COW
KARE
JIKI
FARKO
TAKI
FILIN
AWAKI
AKWAI
ZUMA
DOKI
SHINKAFA
TSARI
RUWA

12 - Camping

N	W	W	W	B	W	W	H	G	X	W	Y	G	Q
T	I	F	A	R	U	W	A	V	V	F	Q	I	T
A	Y	S	W	T	T	A	F	K	I	N	J	D	A
S	V	U	H	S	A	K	A	M	F	A	S	A	N
W	R	F	K	A	W	N	Y	K	Y	V	O	M	T
I	G	I	Y	A	D	T	H	W	J	D	A	J	I
R	A	G	A	I	D	I	J	A	H	A	T	I	N
A	T	E	B	V	K	U	T	R	R	B	O	I	O
N	V	S	K	X	A	Q	W	I	U	B	Q	G	V
D	A	B	I	A	N	T	K	A	Q	O	Q	G	G
U	M	Y	T	N	O	E	M	N	K	B	K	M	T
T	Z	K	U	X	E	G	B	U	M	I	O	K	R
S	I	Y	I	T	A	T	U	W	A	A	T	S	C
E	R	T	H	E	N	E	O	N	T	V	D	C	L

KADUWA
DABBOBI
GIDA
KANOE
KAMFAS
WUTA
DAJI
NISHADI
RAGA
HATIN
FARUWA
KWARI
TAFKIN
TASWIRA
WATA
DUTSE
DABI'A
IGIYA
TANTI
ITATUWA

13 - Conservation

F	Z	A	G	A	Y	A	K	W	A	R	I	B	C
I	F	U	K	W	O	F	O	E	R	D	R	F	F
Y	E	B	M	F	R	J	R	H	M	N	W	R	F
E	J	T	F	N	Q	V	E	M	A	I	I	F	V
L	K	L	Z	J	T	X	Z	Z	H	L	K	X	V
G	A	Y	A	Y	I	N	D	A	A	I	G	A	R
V	U	F	I	P	R	N	D	C	L	M	A	L	L
H	D	R	I	K	L	N	C	T	I	I	S	A	Y
D	F	U	B	Y	N	W	L	C	Y	T	K	B	L
Z	L	W	A	A	A	M	D	H	O	K	I	D	D
E	K	A	U	D	T	Y	V	M	A	Q	Y	Q	P
A	X	K	F	U	J	A	Q	N	Y	H	A	X	L
K	E	A	T	G	F	Z	P	P	A	S	D	L	O
H	A	L	I	T	T	A	T	G	K	R	Y	T	S

KEMIKAL
YAYINDA
ZAGAYA
ILIMI
MAHALI
KORE
LAFIYA
HALITTA
GASKIYA
KWARI
GURBATA
RUWA

14 - Cats

G	Q	G	G	X	W	L	K	G	D	K	Y	X	M
J	U	Y	U	I	Y	R	M	F	F	T	M	Z	A
O	K	I	R	B	B	A	S	E	F	X	E	H	F
W	U	T	A	A	E	S	R	M	F	U	M	A	A
V	N	N	E	R	F	M	M	N	N	P	P	L	R
K	Y	I	V	C	P	L	A	D	A	J	I	I	A
D	A	U	L	I	O	H	H	I	B	X	K	H	U
R	Y	D	S	C	V	U	A	B	Y	G	I	V	C
V	C	L	A	K	S	M	U	K	W	A	K	N	I
N	U	Q	D	N	R	H	K	K	A	O	N	K	S
A	P	A	W	I	W	S	A	E	S	V	T	C	L
V	T	K	D	L	A	Q	C	A	A	Q	K	G	I
M	X	K	U	E	V	U	I	R	J	Q	Z	C	K
U	L	I	X	S	M	I	G	C	T	P	R	U	T

MAHAUKACI
MAFARAUCI
MAI 'YANCI
KADAN
PAW
HALI
WASA
KUNYA
BARCI
WUTA
DAJI
YARN

15 - Numbers

S	U	N	A	Z	A	M	A	N	I	N	B	S	Q
I	K	K	Y	P	Y	F	D	G	O	M	A	H	B
F	G	C	U	P	Q	C	Z	O	E	W	T	A	G
I	O	N	K	X	E	A	T	M	G	B	Y	B	O
L	M	M	K	S	H	I	D	A	X	D	B	I	M
I	A	S	H	I	R	I	N	S	R	T	U	Y	A
V	S	K	H	Q	Z	B	W	H	U	A	X	U	S
F	H	K	F	M	D	A	E	A	M	K	J	Q	H
M	A	X	K	O	I	K	B	T	Z	W	R	B	A
L	H	J	Q	T	N	W	I	A	E	A	H	A	U
Q	U	R	A	B	Z	A	Y	R	N	S	U	N	K
F	D	A	Y	A	I	I	A	A	A	Y	D	Y	U
U	U	C	N	H	T	Y	R	J	P	T	U	K	W
E	D	I	K	J	G	D	U	M	L	U	Y	B	B

NA ZAMANI
TAKWAS
BIYAR
HUDU
GOMA SHA HUDU
TARA
GOMA SHA TARA
DAYA
BAKWAI
SHIDA
GOMA
GOMA SHA UKU
UKU
SHA BIYU
ASHIRIN
BIYU
SIFILI

16 - Spices

I	B	K	L	L	C	G	C	U	M	I	N	I	U
T	S	C	I	T	T	A	A	E	P	A	K	J	J
F	F	D	C	R	R	L	R	B	E	B	A	B	Y
I	T	H	O	J	F	B	D	A	C	I	R	X	X
P	A	P	R	I	K	A	A	A	N	N	Y	C	M
G	F	G	I	Q	A	S	M	U	D	K	A	O	A
I	A	I	C	H	K	A	O	K	K	I	H	R	I
S	R	I	E	G	I	K	M	C	K	I	A	I	D
H	N	F	E	N	G	R	E	E	K	F	T	A	A
I	U	U	U	H	E	S	A	F	F	R	O	N	D
R	W	U	T	B	A	N	I	L	A	H	Z	D	I
I	A	E	Z	M	W	G	R	S	O	W	P	E	Q
B	T	R	V	R	E	T	D	A	M	G	O	R	Q
X	H	C	X	H	F	G	A	N	I	S	E	X	M

ANISE
DACI
CARDAMOM
KIRFA
CORIANDER
CUMIN
KARYA
FENGREEK
DADI
TAFARNUWA
CITTA
LICORICE
NUTMEG
ALBASA
PAPRIKA
SAFFRON
GISHIRI
MAI DADI
BANILA

17 - Mammals

Z	D	O	K	I	M	E	F	B	M	N	G	Z	J
C	O	Y	O	T	E	J	O	I	U	Z	O	E	U
L	L	M	B	U	L	L	X	R	M	L	R	B	X
P	P	H	O	Z	A	K	I	I	E	K	I	R	B
X	H	F	Y	U	B	E	A	V	E	R	L	A	S
B	I	A	N	N	B	M	A	G	E	K	L	A	K
N	N	O	Q	G	I	R	A	F	F	E	A	O	Q
Y	X	C	J	J	F	J	K	X	X	E	D	R	C
Y	F	B	R	T	I	M	L	I	O	P	K	N	E
D	D	P	Z	U	G	I	W	A	G	D	E	Z	L
T	Q	B	K	M	U	H	N	A	A	F	R	O	D
K	A	N	G	A	R	O	O	F	L	U	K	D	M
K	R	J	E	K	K	A	I	G	H	E	E	W	V
A	V	H	N	I	N	D	T	X	Y	L	F	P	Q

KAI
BEAVER
BULL
MAGE
COYOTE
KARE
DOLPHIN
GIWA
FOX
GIRAFFE
GORILLA
DOKI
KANGAROO
ZAKI
BIRI
ZOMO
TUMAKI
WALE
KERKEF
ZEBRA

18 - Fishing

G	I	L	L	S	H	P	D	J	U	E	N	G	B
W	B	A	F	U	A	Z	S	F	J	V	N	K	A
T	Z	F	G	E	K	W	A	N	D	O	Ƙ	O	K
L	D	I	Q	M	U	Ƙ	A	M	U	Ƙ	I	G	I
C	C	Y	D	E	R	Y	S	F	Q	E	G	I	N
B	W	A	X	A	I	B	Ƙ	C	J	I	J	F	T
X	R	N	N	K	F	S	A	J	I	Ƙ	S	X	E
Z	C	N	R	U	W	A	M	X	B	W	O	P	K
T	A	F	K	I	N	A	N	U	N	A	A	U	U
E	R	G	Y	Z	G	A	L	L	L	U	Ƙ	W	H
K	K	K	A	O	E	F	H	L	T	O	A	O	J
U	R	O	U	Z	O	U	Y	E	I	J	R	I	Q
S	G	C	T	L	F	D	A	P	I	Y	I	O	A
P	Y	W	A	O	P	O	A	D	R	Ƙ	A	G	L

KOTO
KWANDO
BAKIN TEKU
KWALLIYA
DAFA
ƘARI
LAFIYA
GILLS

KYAUTA
MUƘAMUƘI
TAFKIN
TEKU
HAKURI
KOGI
RUWA
NUNA

19 - Restaurant #1

E	H	D	T	K	O	F	I	K	N	R	E	W	U
A	C	D	S	I	A	Z	B	W	A	W	V	U	D
L	L	X	U	C	Q	Z	S	A	M	I	N	K	O
M	K	O	M	I	E	S	A	N	A	C	V	A	Z
K	A	T	M	N	C	R	C	O	R	Z	T	I	L
C	Y	I	A	A	L	E	R	J	I	X	V	I	C
Y	A	P	Y	J	D	T	B	D	A	P	C	X	C
X	N	D	S	A	B	X	U	A	X	W	S	X	Q
Q	Z	U	V	J	J	I	R	A	S	S	A	Z	J
K	A	B	I	N	C	I	A	M	N	D	N	B	Z
S	K	Q	L	J	O	Y	F	I	X	K	P	H	I
V	I	X	J	O	N	L	P	Y	R	A	K	K	P
A	Q	Z	N	R	O	E	E	A	O	J	R	Q	S
K	Y	T	Z	U	K	N	B	Y	C	D	J	V	F

ALERJI
KWANO
BURA
KAZA
KOFI
KAYAN ZAKI
ABINCI
KICIN
WUKA
NAMA
TSUMMA
JAWABI
MIYA
MAI YAJI
JIRA

20 - Bees

O	F	U	B	S	A	R	A	U	N	I	Y	A	X
M	U	F	D	A	A	M	F	A	N	I	E	R	S
L	K	Y	K	Z	N	D	T	A	W	M	Z	K	I
Y	A	Y	A	E	U	B	I	R	F	P	F	L	V
W	F	I	K	M	H	M	A	A	B	M	U	A	E
P	U	L	I	I	V	R	A	N	A	O	R	M	K
S	K	F	N	E	U	J	Y	K	C	U	A	B	U
K	I	U	Z	P	O	L	L	E	N	I	I	U	H
H	K	R	U	S	H	A	Y	A	K	I	N	N	K
K	I	E	M	T	F	P	E	M	W	Q	X	R	U
C	S	V	A	B	I	N	C	I	A	B	P	X	H
P	O	L	L	I	N	A	T	O	R	Y	R	R	X
J	T	Q	T	A	R	O	J	L	I	Y	K	D	G
Q	J	C	T	U	T	S	I	R	R	A	I	W	I

DA AMFANI
FURE
BANBANCIN
FURAI
ABINCI
'YA'YA
LAMBUN
HIV
ZUMA
KWARI
TSIRRAI
POLLEN
POLLINATOR
SARAUNIYA
HAYAKI
RANA
TARO
KAKIN ZUMA
FUKA-FUKI

21 - Sports

G	N	C	M	E	O	X	F	H	O	C	K	E	Y
O	A	C	B	K	U	N	G	I	Y	A	W	P	K
L	S	S	M	I	X	I	H	U	K	R	A	O	G
F	A	D	A	O	W	T	E	W	Q	O	N	W	Y
I	R	A	B	R	T	U	Z	M	C	S	D	A	U
L	A	N	M	T	J	S	C	D	K	O	O	S	P
I	C	W	H	F	R	X	A	I	P	E	O	A	Z
N	V	A	K	E	K	E	K	E	L	I	H	N	K
W	A	S	A	B	A	S	E	B	A	L	L	T	X
A	E	A	A	L	D	N	W	Y	T	I	H	E	F
S	E	A	T	Y	K	X	B	Q	D	C	I	N	P
A	F	B	O	R	H	A	X	G	X	H	Y	N	J
F	K	Z	D	O	I	R	L	F	K	O	C	I	A
W	K	U	M	V	K	P	O	I	F	C	R	S	K

BASEBALL
KWANDO
KEKEKE
GASAR
KOCI
WASA
GOLF
HOCKEY
MOTSA
DAN WASA
ALƘALI
FILIN WASA
KUNGIYA
WASAN TENNIS
NASARA

22 - Weather

G	Z	N	G	G	B	Y	S	A	R	Z	V	G	I
W	A	L	K	I	Y	A	A	N	P	D	A	A	R
K	F	G	K	M	E	W	M	N	W	J	F	J	H
W	I	U	W	O	Q	H	A	E	A	M	L	I	A
G	N	G	A	N	T	S	A	D	A	Y	B	M	Z
U	G	U	N	S	P	O	L	A	R	Y	I	A	O
T	T	W	T	O	H	X	K	A	N	K	A	R	A
R	O	A	A	O	O	O	N	Z	K	A	I	E	M
L	Q	R	K	N	Y	A	Y	I	N	D	A	X	B
V	R	E	N	B	A	K	A	N	G	I	Z	O	A
Z	F	C	K	A	S	J	G	F	F	A	R	I	L
W	I	Y	O	L	D	D	X	V	M	V	Z	S	I
B	U	S	H	E	A	O	T	S	M	B	X	K	Y
M	A	G	A	N	A	R	N	A	N	F	R	A	A

YANAYI
KWANTA
YAYINDA
GAJIMARE
FARI
BUSHE
AMBALIYA
HAZO
KANKARA
WALƘIYA
MONSOON
POLAR
BAKAN GIZO
SAMA
GUGUWA
ZAFIN
TSADA
TORNADO
MAGANAR NAN
ISKA

23 - Adventure

R	E	M	N	A	X	J	G	Q	X	M	I	S	D
F	K	A	I	K	I	K	O	C	G	R	M	K	A
K	C	Z	W	Y	A	S	T	G	H	S	F	G	M
W	T	X	Y	A	R	W	M	T	A	H	X	Z	A
M	U	J	I	U	I	N	A	S	N	I	M	S	N
K	H	Y	B	Z	Z	K	D	I	Y	R	U	Z	X
B	A	L	A	G	U	R	O	R	A	I	N	J	M
S	H	A	A	W	A	T	D	A	A	F	S	S	Z
Q	R	H	J	N	Z	K	M	W	G	K	A	D	R
W	S	S	Y	V	H	T	A	A	X	I	B	A	R
M	A	I	H	A	D	A	R	I	S	K	A	B	S
H	B	W	A	D	M	U	R	N	A	O	K	I	J
U	O	K	C	Y	A	B	O	K	A	I	Y	A	V
K	J	C	R	P	F	Y	H	V	Q	K	H	A	S

AIKI
KYAU
DAMA
MAI HADARI
MASOYA
WUYA
SHA'AWA
BALAGURO
ABOKAI
HANYA
MURNA
DABI'A
KAWAI
SABO
SHIRI
TSIRA
MUN SABA

24 - Circus

D	Z	K	F	S	X	W	B	E	G	U	C	X	K
I	A	V	I	S	S	X	I	S	C	W	Z	H	A
B	K	B	A	Ɗ	X	T	A	H	C	T	Z	I	C
E	I	Q	B	M	A	M	A	K	I	Y	B	V	R
R	T	L	S	O	V	O	G	D	O	M	P	H	O
Ƙ	J	L	K	O	B	S	R	F	X	I	Ƙ	T	B
L	H	F	N	F	G	I	W	A	N	L	I	M	A
K	Y	A	U	T	A	H	T	R	P	Z	A	B	T
Q	T	C	N	I	B	I	I	A	I	O	S	A	G
S	T	O	A	G	I	R	K	T	N	Q	P	L	V
B	Q	S	W	E	R	I	S	I	M	T	I	L	Ƙ
Ƙ	Z	X	M	R	I	Z	A	B	A	R	I	O	I
R	F	X	S	Ƙ	H	X	Z	P	I	G	O	O	R
X	S	Q	F	F	F	T	Y	B	K	P	S	N	J

ACROBAT
DABBOBI
BALLOON
KYAUTA
GIWA
ZAKI
SIHIRI
BIRI
KIƊA
FARATI
NUNA
MAMAKI
TANTI
TIGER
ZABAR

25 - Tools

I	A	S	N	O	Q	B	Z	J	T	N	J	M	M
W	R	T	X	N	J	G	W	J	H	S	M	D	C
W	U	G	U	D	U	M	A	O	K	H	A	U	A
U	R	T	Q	D	G	A	M	A	L	E	T	N	X
K	A	U	A	K	C	N	I	K	I	B	S	K	I
A	Z	H	K	M	N	N	I	D	G	U	A	U	G
N	A	P	U	T	V	E	T	V	I	R	K	L	W
M	A	T	A	T	T	A	R	A	Y	L	A	E	I
Z	Z	V	E	W	P	W	B	G	A	N	I	I	L
O	B	N	K	V	B	H	O	J	H	Y	C	J	I
Z	Z	Q	U	W	L	M	G	U	W	K	I	K	K
N	V	K	D	Z	A	Z	R	Z	A	A	Y	M	K
Q	Z	S	O	Y	B	Y	G	Z	X	S	A	C	F
C	I	S	S	O	R	S	A	W	H	J	I	A	K

AX
WAYA
MANNE
GUDUMA
WUKA
TSANI
MALET
MATATTARA
RAZA
IGIYA
CISSORS
DUNKULE
SHEBUR
MATSAKAICIYA
WUTA
WILI

26 - Restaurant #2

H	K	D	O	K	M	A	K	D	L	B	U	C	F
M	O	I	B	U	I	T	S	A	B	I	S	I	Q
Z	N	N	K	J	Y	F	X	D	S	R	L	K	A
S	X	D	A	E	A	T	I	I	A	J	A	I	W
G	H	I	B	R	N	U	K	T	L	M	M	C	U
G	K	N	U	A	K	K	O	D	A	V	V	I	R
M	P	L	H	C	A	G	H	G	K	L	K	O	U
P	G	B	Z	J	Y	V	Z	I	E	V	I	P	W
I	K	F	H	L	A	B	F	S	K	E	B	Y	A
S	N	N	U	Z	N	J	H	H	H	F	R	A	A
D	Y	Q	H	A	U	Z	B	I	D	P	K	M	S
E	M	A	T	K	W	K	F	R	J	N	B	Z	Z
K	O	V	Y	I	A	H	K	I	E	R	I	M	E
V	B	K	S	A	K	A	N	K	A	R	A	F	W

KEK
KUJERA
DADI
DIN DIN
KIFI
'YA'YA
KANKARA
TALIYA
SALAK
GISHIRI
MIYA
CIKI
KAYAN UWA
SABIS
RUWA

27 - Geology

Z	A	R	E	N	F	Z	W	G	B	A	N	K	G
C	A	L	C	I	U	M	U	I	K	C	A	O	I
S	J	M	Y	A	D	U	T	S	E	I	R	G	R
E	T	T	H	A	T	R	A	H	S	D	K	O	G
L	E	A	K	L	T	J	T	I	A	Q	A	N	I
F	L	B	L	D	T	A	N	R	S	M	R	D	Z
O	W	Z	Q	A	K	N	T	I	H	A	W	U	A
C	W	A	K	L	G	I	N	H	I	D	A	T	R
Y	S	G	L	W	K	M	H	B	D	H	Q	S	K
E	P	A	G	Q	K	R	I	S	T	A	S	E	A
L	R	Y	C	L	K	G	F	T	Q	I	W	J	S
W	A	A	N	A	H	I	Y	A	E	A	Q	K	A
O	T	V	M	A	A	D	I	N	I	S	K	D	P
I	E	K	A	M	A	A	D	A	N	A	I	Q	X

ACID
CALCIUM
KOGON DUTSE
NAHIYA
MURJANI
KRISTAS
ZAGAYA
GIRGIZAR KASA
WUTA
LAVA
ZAREN
MA'ADANAI
NARKARWA
MA'ADINI
GISHIRI
STALAGMITES
DUTSE
SASHI

28 - House

S	M	G	J	J	L	G	N	Ƙ	F	C	D	J	Ƙ
F	H	W	U	T	A	T	H	N	O	A	X	U	J
B	T	A	G	A	B	A	N	G	O	F	R	Q	T
P	L	J	W	M	A	I	Ɗ	O	Y	I	A	K	S
P	M	W	S	A	R	K	R	G	X	Y	K	Y	O
R	U	F	E	L	I	A	H	N	T	I	I	X	K
G	S	R	C	A	B	Y	W	Y	L	W	C	K	A
P	G	R	P	M	L	A	B	U	T	U	I	L	J
Z	A	K	I	A	A	N	B	E	N	E	N	H	O
F	R	N	H	I	M	A	D	U	B	I	Y	B	O
C	E	J	D	J	B	I	S	F	X	R	I	Z	Q
K	J	Y	V	G	U	K	D	O	S	N	Ƙ	B	R
Q	I	Y	K	F	N	I	H	S	T	S	B	T	Ƙ
G	E	I	F	I	T	I	L	A	C	C	Ƙ	O	H

MAI ƊOYI
TSOKA
LABUTU
ƘOFA
FARKO
WUTA
BENE
KAYAN AIKI
GAREJI
LAMBUN
MALAMAI
KICIN
FITILA
LABARI
MADUBI
RUFE
ZAKI
SHAWA
BANGO
TAGA

29 - Bathroom

J	W	F	E	F	R	V	U	K	U	A	T	P	S
S	H	A	M	F	U	V	K	X	V	A	U	Q	H
A	F	M	N	A	W	O	C	A	N	F	R	H	A
B	K	F	M	K	A	L	D	O	B	W	A	A	W
U	W	O	A	A	A	G	J	D	G	B	R	Q	A
L	K	K	D	R	G	N	T	T	T	K	E	C	W
U	O	K	U	V	H	A	J	O	P	A	W	P	N
I	R	N	B	J	T	P	N	C	W	V	W	S	X
N	M	K	I	D	D	N	S	I	U	K	F	U	P
K	C	U	O	M	Z	W	K	S	N	U	Y	Y	L
U	G	T	A	M	F	H	K	S	X	W	O	Z	E
M	S	V	M	X	O	U	K	O	F	C	U	T	E
F	B	G	O	Z	V	T	U	R	U	R	I	R	B
A	R	R	H	T	N	T	P	S	O	S	O	J	I

WANKA
KUMFA
FAMFO
MAGANIN WURI
MADUBI
TURARE
CISSORS
SHAMFU
SHAWA
SABULU
SOSO
TURURI
TAWUL
RUWA

30 - School #1

J	A	T	B	H	N	I	S	H	A	D	I	J	N
A	L	K	A	L	A	M	I	O	B	E	L	C	Q
R	F	L	Y	A	M	S	A	Z	O	K	I	T	K
R	A	E	A	W	R	E	R	U	K	O	T	N	B
A	B	U	N	A	U	A	T	A	A	H	T	I	W
B	E	H	I	S	J	Y	A	A	I	A	A	T	O
A	Z	P	V	F	I	I	M	L	O	X	F	E	Y
W	B	C	P	H	B	R	B	M	A	L	A	M	I
A	T	D	N	U	F	S	A	W	M	B	I	Y	U
T	A	K	A	R	D	A	Y	E	Z	D	A	T	U
M	W	Z	K	A	T	B	A	F	L	V	K	R	B
R	Z	V	F	K	M	Y	S	V	R	Q	W	D	I
Z	X	K	H	O	B	H	Y	B	V	V	H	Z	H
C	G	I	B	B	S	I	A	K	U	J	E	R	A

ALFABE
AMSA
LITTAFAI
KUJERA
AJI
JARRABAWA
BAYANI
ABOKAI
NISHADI
LABARI
TAKARDA
FENSIR
ALKALAMI
TAMBAYA
MALAMI

31 - Dance

K	Y	A	U	T	A	S	O	Y	A	P	Y	V	S
A	J	W	P	K	H	N	U	H	B	B	K	N	R
R	X	S	L	A	F	A	P	P	U	K	G	A	R
I	E	S	P	V	L	G	I	V	N	S	I	U	W
E	V	Z	H	Z	Y	A	E	U	C	B	G	Ɗ	K
A	L	H	E	R	I	R	D	P	I	U	M	E	A
P	X	U	E	W	V	G	U	A	M	J	A	O	R
F	A	S	A	H	A	A	J	U	D	I	F	I	J
X	U	C	X	S	Y	J	I	K	I	M	A	G	U
W	K	T	A	D	A	I	P	W	M	J	R	Q	A
J	O	P	B	D	G	Y	M	N	X	G	K	B	P
K	O	U	R	O	E	A	T	R	Y	E	I	F	Z
J	I	N	K	A	I	M	O	T	S	A	B	A	I
E	L	J	U	P	M	D	Y	D	I	U	W	P	P

ACADEMY
FASAHA
JIKI
KYAUTA
NA GARGAJIYA
AL'ADA
JIN KAI
MAFARKI
ALHERI
MOTSA
KIƊA
ABUNCI
KARI

32 - Colors

R	T	D	T	Y	K	O	R	E	V	F	H	G	Q
U	U	N	M	X	J	R	Ƙ	U	R	U	L	F	T
Ƙ	U	W	H	X	F	A	R	I	G	C	N	E	B
K	G	M	A	G	E	N	T	A	C	H	R	N	H
W	U	H	Z	N	Z	G	J	V	B	S	P	N	N
R	L	M	U	F	H	E	E	U	E	I	V	X	Z
G	Ƙ	L	R	N	P	O	J	S	I	A	K	G	O
Z	C	F	E	E	G	G	D	G	G	W	H	M	I
T	V	I	O	L	E	T	J	A	E	Y	E	L	U
S	E	P	I	A	E	E	S	A	N	N	C	Z	Ƙ
T	A	K	N	U	H	Y	H	G	R	A	Y	Y	A
M	X	M	M	P	J	T	U	J	E	I	A	M	P
I	N	U	R	C	Y	F	Ɗ	K	D	N	N	I	Q
B	A	K	I	M	C	T	I	D	R	N	N	P	R

AZURE
BEIGE
BAKI
SHUƊI
CYAN
FUCHSIA
KORE
GRAYYA
MAGENTA
ORANGE
RUWAN HODA
JA
SEPIA
VIOLET
FARI
YELU

33 - Climbing

U	D	Q	T	P	G	T	A	K	A	L	M	A	S
I	J	B	H	M	W	T	T	A	F	I	Y	A	O
L	W	C	P	T	K	X	H	R	T	W	A	S	N
K	F	C	P	K	H	F	B	F	N	Z	N	A	S
J	O	N	C	U	O	T	E	I	K	K	A	F	A
S	J	G	W	N	R	Z	A	T	H	J	Y	O	N
T	U	B	O	G	O	Q	C	S	K	S	I	F	I
J	L	X	M	I	W	K	S	A	W	F	E	I	K
S	C	Q	H	Y	E	A	D	W	A	I	O	N	V
N	E	V	E	A	S	B	N	O	N	G	R	H	Z
R	U	N	I	R	P	G	P	I	C	Q	N	A	Z
K	O	L	U	W	A	K	Z	Z	E	E	S	N	Y
B	K	B	N	B	A	Q	P	W	W	Q	Z	N	B
S	O	Y	V	L	U	M	E	G	N	G	T	U	J

TSAWO
YANAYI
TAKALMA
KOGO
SON SANI
GWANI
SAFOFIN HANNU
KOLUWA
TAFIYA
RUNI
TASWIRA
KUNGIYAR
KWANCE
KARFI
HORO

34 - Shapes

K	S	G	I	L	A	S	X	L	G	H	H	H	K
U	B	P	E	P	R	I	S	M	A	E	K	Y	U
S	C	B	L	F	M	L	S	M	T	Y	F	P	M
I	I	A	U	W	U	I	U	Q	U	X	I	E	B
Y	R	K	M	K	O	N	E	N	E	J	Z	R	U
A	E	A	L	A	I	D	A	L	A	O	M	B	R
I	H	Y	I	G	X	A	O	B	C	M	D	O	I
K	Z	Q	U	G	K	A	R	Y	A	U	F	L	P
P	E	Y	S	L	P	M	G	I	X	R	I	A	O
S	I	F	F	A	R	K	W	A	I	A	U	L	L
R	E	T	A	N	G	L	E	X	H	B	U	J	Y
J	J	J	Z	Y	B	S	O	V	G	B	L	A	G
G	D	A	I	R	A	N	M	F	D	A	K	M	O
L	K	D	K	U	A	L	W	A	T	I	K	A	N

BAKA
DA'IRA
KONE
KUSIYA
KUMBURI
KARYA
SILINDA
GEFUNA
CIRE
HYPERBOLA
LAYI
SIFFAR KWAI
POLYGON
PRISM
DALA
RETANGLE
GEFE
MURABBA'I
ALWATIKA

35 - Scientific Disciplines

A	Y	M	K	I	L	I	M	I	N	K	A	S	A
I	I	A	J	I	N	I	H	H	H	F	E	L	K
L	I	A	R	A	N	A	T	O	M	I	Y	Y	A
I	Q	D	G	O	K	E	S	G	P	S	W	S	T
M	X	A	B	E	B	B	S	E	Q	I	L	L	T
I	N	N	J	W	S	A	Z	I	F	K	S	Q	M
N	W	A	U	V	B	X	}	G	O	T	K	G	J
S	Z	I	Z	H	D	K	T	U	M	L	Y	Q	E
H	A	R	S	H	E	R	V	A	Y	R	O	V	O
U	R	N	C	I	Y	A	R	W	A	A	J	G	B
K	K	Y	A	M	A	K	A	N	I	K	A	I	Y
A	I	E	Z	R	R	I	G	A	K	A	F	I	A
W	K	Z	F	W	W	Y	F	W	M	Q	F	A	R
I	L	M	I	N	H	A	L	I	T	T	A	A	K

ANATOMIYYA
ARKI
ILMIN HALITTA
ILIMIN SHUKA
ILIMIN KASA
RIGAKAFI
KINESIOLOGY
HARSHE
MAKANIKAI
SANARWA
MA'ADANAI
JINI
CIYARWA
YARO-BA-} UYA

36 - School #2

T	A	D	A	B	I	I	G	E	L	H	K	G	K
H	A	L	G	S	I	V	K	Q	J	J	I	J	W
S	Y	K	D	F	M	K	A	M	U	S	M	K	A
M	B	F	A	T	S	I	L	I	M	I	I	Z	M
Z	A	H	B	R	K	C	A	F	P	H	Y	G	F
K	S	Q	Z	C	D	C	N	L	C	R	Y	A	U
A	U	S	T	K	K	A	D	W	M	D	A	Y	T
B	X	J	O	M	A	L	A	M	I	L	C	Y	A
X	Z	N	G	K	A	Y	F	K	C	A	I	U	T
F	E	N	S	I	R	B	A	C	K	B	S	K	O
M	N	A	H	A	W	U	O	N	I	A	S	A	I
W	V	R	Z	L	L	T	A	K	A	R	O	V	F
Y	A	F	L	I	T	T	A	F	A	I	R	I	N
A	Y	B	G	O	G	E	W	A	E	I	S	G	S

AYYUKA
BACK
LITTAFAI
BAS
KALANDA
KWAMFUTA
KAMUS
ILIMI
GOGEWA
ABOKAI
NAHAWU
LABARI
ADABI
TAKARDA
FENSIR
KIMIYYA
CISSORS
KAYANA
MALAMI

37 - Science

T	I	K	K	Y	A	U	T	A	T	A	K	J	J
S	P	W	W	E	R	S	X	Z	A	G	F	U	I
I	B	A	Y	A	N	A	I	X	D	M	I	Y	N
R	O	Y	X	N	Y	G	Y	T	P	A	Q	I	I
R	R	A	P	S	L	O	X	J	X	A	Y	N	N
A	E	R	F	C	C	O	Y	J	D	D	A	H	R
I	C	Z	R	G	D	P	J	I	Y	A	Y	A	M
T	S	A	M	M	A	N	I	Y	N	N	I	L	P
D	W	R	K	L	B	Z	B	A	Y	A	N	I	T
K	F	R	I	T	I	A	Y	J	H	I	D	T	F
Z	Y	A	K	G	A	S	K	I	Y	A	A	T	W
G	W	A	J	I	Q	K	L	K	W	U	N	A	E
M	A	L	A	M	A	I	N	A	U	Y	I	Y	B
C	B	A	Y	G	D	N	C	Y	G	L	S	F	A

KWAYAR ZARRA
KYAUTATA
YAYINDA
BAYANAI
JUYIN HALITTA
GWAJI
GASKIYA
NAUYI
TSAMMANI
HANYA
MA'ADANAI
KWAYOYIN
DABI'A
BAYANI
JINI
TSIRRAI
MALAMAI

38 - To Fill

K	W	A	B	D	G	A	N	G	A	G	G	O	G
J	Z	X	A	M	B	U	L	A	N	I	I	A	G
F	A	Y	B	M	K	W	D	C	E	L	L	K	F
Z	L	K	B	E	F	E	M	A	K	A	A	W	V
P	J	K	A	B	U	T	U	T	U	S	S	A	W
U	I	Q	N	F	Z	O	K	I	Q	H	H	T	H
I	J	F	F	U	K	M	Z	R	Q	I	I	I	P
F	I	P	A	N	R	W	V	E	W	X	N	F	M
A	I	B	Y	N	R	B	A	K	T	S	F	J	C
X	H	B	I	I	Y	K	X	N	L	N	U	O	L
K	W	A	L	U	B	A	F	D	D	J	R	K	N
J	W	V	A	R	S	G	K	N	E	O	E	C	G
H	Z	A	N	G	O	S	E	P	S	N	K	X	D
Z	N	I	T	K	B	Z	Y	W	K	S	H	O	B

JAKA
GANGA
KWANDO
KWALUBA
AKWATI
GUDA
ZANGO

AMBULAN
BABBAN FAYIL
GILASHI
ALJIJI
TIRE
BUTUTU
GILASHIN FURE

39 - Summer

U	V	B	U	W	T	T	J	K	D	O	K	J	N
U	K	L	W	S	A	N	D	A	L	S	B	A	U
Q	I	I	N	C	U	S	Q	T	O	M	O	N	T
H	V	Y	H	V	R	D	A	M	A	Y	M	A	S
D	K	V	A	F	A	A	I	N	N	F	I	D	U
S	I	H	L	L	R	Y	B	K	N	W	I	A	W
I	H	D	A	B	I	N	C	I	H	I	M	Y	A
C	Q	L	M	M	B	Q	Y	Ɗ	P	H	J	B	A
Q	K	D	B	O	E	A	S	A	M	U	R	N	A
U	L	R	U	B	A	K	I	N	T	E	K	U	G
P	T	Z	N	A	B	O	K	A	I	Z	J	K	K
Z	A	N	G	O	N	L	I	T	T	A	F	A	I
A	M	Q	D	R	M	C	L	F	F	J	K	F	U
A	K	H	U	T	U	K	E	T	E	K	U	N	K

BAKIN TEKU
LITTAFAI
ZANGO
NUTSUWA
IYALI
ABINCI
ABOKAI
WASANNI
LAMBUN

MURNA
DAMA
KIƊA
JANADA
SANDALS
TEKU
TAURARI
TAFIYA
HUTU

40 - Clothes

S	A	S	O	S	J	K	O	U	R	O	E	U	I
I	R	A	A	E	K	A	B	K	I	B	E	L	P
K	K	F	D	A	V	Y	W	X	G	P	E	J	I
E	M	O	M	T	J	A	U	F	A	S	H	I	N
T	A	F	U	E	A	N	Y	W	R	R	D	N	B
K	Y	I	N	R	K	B	A	G	A	B	A	K	U
A	A	N	N	J	E	A	N	S	A	N	U	C	D
H	F	H	U	K	T	C	O	P	E	S	D	M	U
K	I	A	A	J	I	C	T	U	K	H	H	O	R
O	X	N	U	T	B	I	G	H	A	K	Q	I	W
A	U	N	N	Y	I	S	A	N	D	A	L	I	A
H	Z	U	N	K	U	N	S	H	I	R	T	H	Z
G	G	D	T	Q	T	A	K	A	L	L	A	Z	O
K	N	V	K	B	O	C	M	Y	L	R	K	L	U

GABA
BEL
BUDURWA
MUNNU
GASHI
RIGAR
FASHIN
SAFOFIN HANNU
HATIN
JAKET
JEAN
WUYA
KAYAN BACCI
WANDO
SANDALI
MAYAFI
SHIRT
TAKALLA
SIKET
SEATER

41 - Insects

T	K	W	A	N	K	W	A	S	O	R	K	M	C
N	S	O	J	C	R	N	V	F	F	B	U	A	Z
S	B	U	Ɗ	E	I	D	O	J	H	V	D	S	M
B	I	C	T	B	S	E	E	L	F	M	A	U	K
K	Ƙ	J	X	S	C	I	C	A	D	A	N	S	W
G	W	L	W	C	A	O	T	N	Ƙ	N	Z	L	I
C	A	A	F	A	R	A	K	T	F	T	U	Ƙ	D
S	R	D	R	Y	G	S	W	O	Z	I	M	Y	Z
M	O	Y	R	I	H	Q	A	M	W	S	A	F	Q
Y	B	B	S	A	K	K	R	S	A	U	R	O	A
G	H	U	H	W	A	W	I	I	D	U	O	Y	D
K	O	G	S	F	K	Ƙ	A	D	T	U	N	L	K
Z	A	N	Z	A	R	O	C	R	V	Z	U	L	C
S	K	C	J	A	R	U	W	A	O	W	S	I	F

ANT
KUDAN ZUMA
KWARO
BUƊE IDO
CICADA
JARUWA
KWARI
KWANKWASO

LADYBUG
TSUTSA
FARA
MANTIS
SAURO
ASU
KWARI, KWARO
ZANZARO

42 - Astronomy

N	A	M	A	I	S	A	N	A	R	W	A	M	B
E	S	L	E	L	U	R	A	X	Y	W	N	A	A
B	T	E	F	T	Z	O	D	I	A	C	V	K	Y
U	E	J	X	D	E	C	O	S	M	O	S	A	A
L	R	Q	S	U	S	O	N	F	R	B	G	R	N
A	O	U	U	N	B	K	R	Y	A	P	B	K	I
B	I	M	P	I	A	W	Z	U	D	D	L	A	M
Q	D	H	E	Y	N	W	A	T	A	U	E	S	V
H	J	K	R	A	Y	O	Y	O	D	N	J	H	E
G	N	T	N	R	H	W	X	D	I	I	M	I	D
R	F	R	O	G	G	A	L	A	X	Y	L	Y	C
I	O	B	V	S	A	M	A	F	O	A	A	A	I
M	L	K	A	H	A	S	K	E	N	R	A	N	A
F	J	G	A	E	C	L	I	P	S	E	L	O	V

ASTEROID
BAYANI
MAI SANARWA
MAKARKASHIYA
COSMOS
DUNIYA
ECLIPSE
EQUINOX
GALAXY
METEOR
WATA
NEBULA
LURA
DUNIYAR
RADADI
ROKA
SAMA
HASKEN RANA
SUPERNOVA
ZODIAC

43 - Pirates

L	L	C	K	A	M	F	A	S	H	K	N	D	T
P	A	I	O	K	L	W	H	W	I	J	C	D	K
Y	B	N	G	Y	L	B	X	J	T	O	J	A	P
K	A	S	O	A	B	U	W	W	F	H	O	H	E
F	R	U	D	F	A	N	G	A	N	K	S	Q	W
Z	I	M	A	T	K	T	S	I	B	I	R	I	N
I	T	A	K	I	I	U	K	T	A	S	K	A	K
N	A	R	U	N	N	T	K	A	A	B	G	R	O
A	S	A	N	M	T	A	B	O	D	K	M	R	K
R	W	K	A	N	E	I	N	E	Z	U	O	B	Z
I	I	Y	Z	K	K	H	W	T	O	A	W	B	K
X	R	A	K	K	U	N	G	I	Y	A	I	A	I
K	A	U	I	V	H	A	D	A	R	I	G	U	B
B	X	W	X	W	D	J	L	P	A	H	B	D	K

KADUWA
ANGA
MARA KYAU
BAKIN TEKU
KYAFTIN
KOGO
CINSU
KAMFAS
KUNGIYA
HADARI

TUTA
ZINARI
TSIBIRIN
LABARI
TASWIRA
AKU
DAKUNA
TABO
TAKOBI
TASKA

44 - Time

S	F	F	S	N	D	K	S	A	I	E	F	K	A
S	A	F	T	U	G	O	B	E	W	Z	A	M	G
M	M	E	S	R	J	D	G	G	K	L	X	M	O
Z	L	Z	H	S	D	J	K	X	T	O	Y	A	G
O	A	N	E	A	N	L	S	B	O	K	A	V	O
V	G	D	K	A	R	N	I	A	D	A	N	H	D
Z	I	N	A	G	J	E	A	Y	T	C	Z	K	F
G	K	O	R	C	G	P	N	A	H	I	U	X	P
X	D	R	A	S	T	F	J	N	Q	Z	M	N	F
J	W	A	G	A	B	A	I	H	Y	Q	O	G	L
A	E	P	R	F	B	Q	M	I	N	T	I	N	J
I	I	C	A	E	B	L	A	Y	W	A	T	A	I
B	P	K	N	D	I	Q	M	K	A	I	I	Z	Y
P	K	K	A	L	A	N	D	A	I	U	G	Q	A

BAYAN
SHEKARA
A DA
KALANDA
KARNI
AGOGO
RANA
GABA
SAA
MINTI
LOKACI
WATA
SAFE
DARE
YANZU
ANJIMA
YAU
GOBE
SATI
JIYA

45 - Buildings

K	M	B	K	S	Q	K	T	J	Y	O	X	X	X
L	A	A	S	I	B	I	T	I	A	D	I	P	S
F	K	B	K	L	U	L	S	V	R	K	I	M	N
D	A	B	A	Q	W	Q	K	F	A	U	A	K	O
Y	R	A	S	P	K	O	F	N	G	R	J	D	D
F	A	N	T	L	Y	K	A	T	O	D	R	A	A
I	N	K	L	A	P	A	R	T	M	E	N	T	X
L	T	A	E	I	I	H	K	B	I	T	A	O	V
I	A	N	K	V	K	C	O	M	T	A	N	T	I
N	J	T	L	R	Y	L	B	X	Z	G	O	N	A
W	A	I	Y	L	M	U	D	H	U	I	T	C	A
A	M	U	U	D	K	R	Y	E	M	D	A	U	I
S	I	N	I	M	A	A	U	W	V	A	L	X	L
A	A	G	R	B	Y	G	A	R	E	J	I	R	P

APARTMENT
YARA
GIDA
KASTLE
KATODRA
SINIMA
JAKADA
FARKO
GONA
GAREJI

ASIBITI
OTAL
LURA
MAKARANTA
FILIN WASA
BABBAN KANTI
TANTI
JAMI'A
BITA

46 - Herbalism

N	Q	S	M	H	Q	D	N	W	Q	S	S	S	D
K	S	P	E	C	T	Y	I	F	Z	L	H	U	A
F	U	R	E	U	A	A	L	A	M	B	U	N	D
U	D	Y	K	L	F	N	E	F	N	L	K	A	I
L	M	X	V	I	A	Q	S	D	K	Z	A	D	T
K	A	C	A	N	R	K	Y	A	U	T	A	A	T
O	R	E	G	A	N	O	R	A	F	J	Q	R	H
R	J	T	J	Z	U	E	F	M	U	F	I	A	Y
E	O	Z	I	L	W	J	V	F	R	T	R	I	M
L	R	Ƙ	B	N	A	A	N	A	A	Z	O	O	E
W	A	Y	M	A	I	Ƙ	A	N	S	H	I	A	N
A	M	F	A	S	K	I	J	I	G	F	N	R	X
N	A	U	I	N	F	U	R	E	D	E	Y	F	H
I	T	A	R	R	A	G	O	N	I	J	Ƙ	Z	B

MAI ƘANSHI
DA AMFANI
CULINA
DADI
FURA
LAMBUN
TAFARNUWA
KORE
SUNADARAI
NAU'IN FURE
MARJORAM
NA'ANA
OREGANO
FASKI
SHUKA
KYAUTA
FURE
SAFFRON
TARRAGON
THYME

47 - Toys

L	D	M	I	N	R	O	B	O	T	D	M	A	U
O	I	Z	C	F	V	F	V	K	S	T	G	U	W
Y	Y	T	S	K	F	L	K	G	G	K	I	T	J
A	L	U	T	W	E	S	W	A	S	A	N	N	I
R	D	N	S	A	N	A	A	N	S	E	E	E	R
T	H	A	K	L	F	T	L	G	K	P	Z	W	G
S	N	N	J	L	S	A	L	A	D	A	R	A	I
A	C	I	E	O	I	K	I	K	N	R	R	C	N
N	L	N	M	N	E	U	Y	V	E	F	B	B	S
A	M	D	U	X	E	E	A	U	Z	K	K	G	A
V	O	K	O	M	E	I	K	U	M	F	E	A	M
L	T	I	Z	H	F	P	K	T	P	B	M	K	A
Q	A	U	V	I	J	F	D	G	Y	I	U	J	E
H	K	X	G	I	O	Z	Z	E	F	B	L	V	C

JIRGIN SAMA
KWALLON
KEKEKE
KWALLIYA
LITTAFAI
DARA
YUMBU
SANA'A
YAR TSANA
GANGA
WASANNI
TUNANIN
KIT
ROBOT
MOTA

48 - Vehicles

J	O	T	Y	K	K	W	K	T	B	L	Y	I	X
I	I	X	J	S	R	W	E	V	A	N	F	N	M
R	Y	R	R	O	K	A	K	G	S	K	K	R	U
G	A	W	G	P	K	G	E	T	G	K	S	P	S
I	H	U	X	I	N	Y	K	X	D	V	K	I	M
N	E	T	B	T	N	D	E	H	K	H	C	E	I
S	L	L	A	A	C	F	E	I	C	U	Y	U	N
A	I	X	S	R	D	E	I	K	I	P	U	K	J
M	K	D	M	O	A	U	C	T	M	B	R	I	I
A	A	E	S	X	X	K	S	M	O	T	A	S	N
V	F	R	C	Z	L	Y	T	I	K	A	F	E	W
O	T	A	Y	A	H	F	D	A	H	M	Q	K	S
C	A	R	A	V	A	N	S	C	O	O	T	E	R
K	W	A	L	L	I	Y	A	S	R	G	S	Y	D

JIRGIN SAMA
KEKEKE
KWALLIYA
BAS
CARAVAN
INJIN
JIRGIN FITO
HELIKAFTA
MOTA
ROKA
SCOOTER
TAKSI
TAYA
TARAKTA
VAN

49 - Flowers

J	A	S	M	I	N	E	G	T	R	X	Y	I	B
N	Z	N	H	T	T	D	C	I	F	L	M	J	C
U	A	O	I	B	L	A	M	B	U	U	O	H	U
I	R	U	B	A	Z	I	Y	O	R	G	R	P	P
N	H	K	I	L	N	S	A	U	E	K	C	E	L
S	M	K	S	N	I	Y	Z	Q	N	S	H	C	U
Y	J	W	C	B	F	L	J	U	R	W	I	L	M
H	Z	H	U	D	R	U	Y	E	A	F	D	O	E
H	Q	D	S	X	D	Q	R	T	N	L	T	V	R
M	A	G	N	O	L	I	A	E	A	I	U	E	I
K	Z	L	G	G	Q	P	W	T	I	L	L	R	A
P	P	B	E	G	C	K	V	K	H	A	I	L	F
R	Z	D	M	E	K	S	N	R	P	C	P	K	M
Y	Q	H	K	F	W	S	G	X	T	G	E	G	L

BOUQUET
CLOVER
DAISY
LAMBU
HIBISCUS
JASMINE
NAU'IN FURE
LILAC
LILY
MAGNOLIA
ORCHID
FURE
PLUMERIA
FUREN RANA
TULIP

50 - Town

B	G	X	P	B	K	L	F	R	J	M	F	K	G
H	A	H	Y	R	A	A	A	S	I	B	I	T	I
S	K	N	F	W	S	B	Y	H	R	G	L	B	C
Q	I	U	K	L	I	A	P	A	G	I	I	A	W
M	G	P	O	I	N	R	C	G	I	D	N	B	T
K	A	O	V	C	L	I	N	O	N	A	W	B	K
J	K	K	V	B	I	V	P	F	S	N	A	A	A
S	I	S	A	N	T	D	A	U	A	B	S	N	S
Y	I	G	H	R	T	R	J	L	M	U	A	K	U
A	D	N	K	B	A	V	K	U	A	R	Q	A	W
X	M	W	I	Z	F	N	U	W	T	O	C	N	A
Z	O	O	S	M	I	O	T	A	L	D	B	T	E
O	K	E	D	J	A	M	I	A	V	I	X	I	A
Q	V	T	G	A	L	L	E	R	Y	B	W	V	J

JIRGIN SAMA
GIDAN BURODI
BANKI
KASIN LITTAFI
SINIMA
ASIBITI
FULUWA
GALLERY
OTAL
LABARI
KASUWA
MAKARANTA
FILIN WASA
SHAGO
BABBAN KANTI
JAMI'A
ZOO

51 - Antarctica

I	N	T	S	U	N	T	S	A	Y	E	M	D	L
B	A	L	A	G	U	R	O	B	A	Q	A	U	P
S	H	M	U	H	A	L	L	I	K	K	I	T	V
T	I	S	L	A	N	D	N	O	A	F	B	S	R
Z	Y	D	T	B	Q	C	H	K	N	K	I	E	U
K	A	U	R	A	A	N	W	D	K	K	N	D	W
E	L	F	O	D	M	Y	C	N	A	U	C	G	A
E	S	L	I	W	P	U	G	I	R	G	I	J	E
P	E	N	I	N	S	U	L	A	A	K	K	D	O
K	Y	A	U	T	A	G	L	A	C	I	E	R	S
A	K	M	N	Z	R	T	J	C	O	Y	P	W	H
V	D	G	Y	R	U	N	N	W	V	A	F	K	Q
K	I	M	I	Y	Y	A	P	M	E	Y	V	G	O
U	E	C	Y	P	R	J	L	B	F	E	Y	T	X

BAY
TSUNTSAYE
GIRGIJE
KIYAYE
NAHIYA
COVE
MUHALLI
BALAGURO
GLACIERS
KANKARA
ISLAND
KAURA
PENINSULA
MAI BINCIKE
DUTSE
KIMIYYA
ZAFIN
KYAUTA
RUWA

52 - Ballet

I	N	Q	V	N	Ƙ	F	A	K	Y	J	A	M	K
K	R	G	K	I	Ɗ	A	A	L	T	Ƙ	K	D	E
M	A	F	A	R	K	I	A	X	P	B	R	F	D
F	W	D	T	S	O	R	O	B	A	S	I	R	A
Y	A	S	U	A	D	K	K	Y	A	U	T	A	B
Ƙ	Ƙ	S	P	N	M	A	J	N	P	P	T	G	A
Z	H	D	A	K	A	R	I	U	K	S	Q	H	R
J	E	Q	G	H	W	I	L	M	C	M	A	N	A
Z	Q	C	M	Q	A	M	J	E	O	N	N	L	F
Z	R	X	C	H	K	C	O	X	R	A	R	F	O
K	S	K	Ƙ	T	I	I	S	K	Ƙ	R	I	T	D
A	Q	Z	O	O	B	N	Q	U	N	P	S	W	O
Ƙ	G	F	F	W	M	U	J	T	N	B	F	N	Z
O	S	M	E	R	F	V	K	A	R	Y	A	Ƙ	C

FASAHA
KYAUTA
MAWAKI
RAWA
MAFARKI
KARIMCIN
KARYA
TSORO
KIƊA
KADUNA
KARI
BASIRA
SALO
DABARA

53 - Human Body

R	K	W	A	L	L	I	Y	A	W	Ƙ	W	E	E
M	A	C	H	A	N	N	U	Q	G	V	U	P	C
Z	F	I	G	K	H	E	E	N	R	F	T	M	W
K	A	N	G	I	N	D	I	M	K	B	A	K	I
A	U	W	H	M	A	U	K	M	M	A	X	J	H
F	W	N	X	Y	C	V	D	Z	U	C	I	Y	A
A	U	I	N	G	M	W	F	N	Ƙ	Y	C	Y	N
D	A	S	W	E	Ƙ	U	T	G	A	A	P	W	C
A	V	E	K	L	Q	Y	Z	U	M	T	A	M	I
M	H	Z	F	A	T	A	F	G	U	S	I	K	H
M	Ƙ	Ƙ	L	Z	Z	Y	N	W	Ƙ	A	Ƙ	U	F
O	T	X	N	J	J	I	N	I	I	X	S	M	Ƙ
Ƙ	K	K	A	S	H	I	Y	W	H	T	F	E	Ƙ
E	B	T	J	G	B	Z	A	A	L	R	Ƙ	B	H

WUTA
JINI
KASHI
KWALLIYA
CIN
KUNNE
GINDI
FUSKA
YATSA
HANNU
KAI
ZUCIYA
MUƘAMUƘI
GWIWA
KAFA
BAKI
WUYA
HANCI
KAFADA
FATA

54 - Musical Instruments

Z	I	S	N	M	E	H	C	K	T	H	M	H	H
C	K	A	A	V	D	O	F	K	S	T	A	C	Y
K	V	R	U	X	B	A	N	J	O	L	N	W	P
H	T	E	R	D	O	C	C	I	R	H	D	M	Q
L	M	W	A	V	K	P	E	O	O	I	O	Q	D
W	G	A	R	A	Y	A	H	L	E	N	L	D	D
J	O	G	K	Q	K	K	V	O	L	L	I	Z	C
F	N	O	I	G	A	N	G	A	N	O	N	U	X
I	G	L	D	U	L	Q	G	F	X	E	D	A	S
Y	X	N	A	I	G	T	S	O	R	O	N	G	U
A	S	K	D	T	A	F	A	R	U	W	A	C	E
N	M	O	T	A	I	V	V	I	O	L	I	N	B
O	B	O	E	R	T	K	A	K	A	K	I	P	S
D	E	Q	J	M	A	R	I	M	B	A	D	K	P

BANJO
ALGAITA
CELLO
SAREWA
GANGA
FARUWA
GONG
GUITAR
GARAYA
MANDOLIN
MARIMBA
OBOE
TSORO
FIYANO
SAXOPHONE
NAU'RAR KIDA
TSORON
KAKAKI
VIOLIN

55 - Cooking Tools

T	F	G	Y	Q	C	M	T	M	A	P	O	C	F
V	A	U	N	L	O	A	A	V	W	X	F	T	K
C	J	U	H	I	L	F	N	E	O	F	A	D	L
A	T	H	R	D	A	I	A	Q	L	V	T	G	Q
Y	Q	H	T	A	N	G	R	M	Y	O	O	T	Z
K	B	E	V	D	D	I	G	D	Q	X	F	I	S
U	W	U	K	A	E	R	R	N	S	G	N	X	P
F	Y	U	T	Y	R	M	X	O	P	H	N	G	Y
U	B	A	K	A	Y	A	N	Y	A	N	K	A	U
C	I	S	S	O	R	S	S	S	T	C	I	K	I
E	M	E	K	L	G	P	J	E	U	P	K	H	G
F	I	R	I	J	I	S	O	N	L	B	Y	E	U
C	K	C	H	P	A	B	J	F	A	Z	A	Z	V
I	W	X	R	C	G	M	U	D	D	P	B	Q	Q

COLANDER
KAYAN YANKA
MAFI GIRMA
BUTA
WUKA
LID

TANA
FIRIJI
CISSORS
SPATULA
CIKI
TAURA

56 - Fruit

N	P	E	A	R	U	K	I	N	A	B	I	Y	R
L	E	K	Y	G	R	W	Z	U	U	I	H	L	I
E	A	C	E	R	I	A	P	P	L	E	M	Q	V
M	C	M	T	W	J	K	I	W	I	B	Q	K	T
U	H	A	E	A	H	W	K	X	N	A	F	G	W
N	Y	N	K	B	R	A	B	A	R	B	A	I	U
T	Q	G	U	N	A	I	D	C	Z	N	G	R	G
S	I	O	A	S	B	K	N	E	L	B	W	V	U
A	K	R	W	P	W	U	R	E	A	Y	A	B	A
M	O	O	W	E	R	C	S	R	U	U	N	Z	W
I	Z	C	L	F	B	I	L	B	S	Z	D	B	A
R	A	S	B	E	R	I	C	F	V	V	A	B	G
K	Q	K	W	O	V	E	Q	O	Q	T	N	C	U
L	M	E	X	N	A	U	I	N	T	U	F	F	A

APPLE
APRICOT
AYABA
NAU'IN TUFFA
CERI
KWAKWA
FIG
INABI
GUAWA
KIWI
LEMUN TSAMI
MANGORO
GUNA
NECTARINE
GWANDA
PEACH
PEAR
ABARBA
RASBERI

57 - Virtues #1

I	F	K	S	D	S	U	T	A	R	P	U	V	T
N	N	O	A	L	X	X	F	U	Q	F	H	O	A
H	S	G	W	V	M	A	I	H	A	K	U	R	I
P	J	W	A	M	A	F	I	Y	A	M	K	K	M
M	M	I	Z	N	U	V	K	J	F	A	U	F	A
A	O	L	V	D	C	U	E	D	G	I	N	A	K
I	K	G	Z	U	M	I	V	M	R	K	C	S	O
Y	E	Y	T	S	A	F	T	A	A	Y	I	A	A
A	T	M	A	I	G	I	R	M	A	A	L	H	N
N	P	S	H	U	U	Q	X	I	Y	U	L	A	X
C	U	V	I	M	H	L	B	N	B	G	D	K	G
I	Y	C	T	B	T	J	D	C	R	Y	V	W	P
M	U	M	O	Y	M	C	U	I	S	M	C	B	U
F	E	E	U	H	C	I	E	Q	H	H	A	P	M

FASAHA
MAI KYAU
TSAFTA
HUKUNCI
INGANCI
MAI GIRMA
KYAU
TAIMAKO
MAI 'YANCI
MAFIYA
MAI HAKURI
AMINCI

58 - Kitchen

K	C	X	A	T	W	K	O	Y	T	O	Z	S	W
J	U	G	A	B	A	U	F	I	R	I	J	I	K
C	O	K	A	L	I	S	K	N	C	W	V	M	W
G	I	R	K	I	J	K	Y	A	N	M	C	Q	A
G	I	L	A	S	H	I	A	B	F	T	N	B	N
F	I	A	P	O	S	T	U	I	V	X	J	T	O
F	L	Y	G	S	B	J	T	N	K	F	A	Q	W
I	K	P	R	O	B	D	A	C	O	E	S	K	I
K	O	K	V	I	G	K	W	I	F	I	C	Y	V
C	U	K	P	F	Q	P	K	R	U	F	H	E	U
E	K	D	F	X	P	R	L	T	N	E	W	Y	E
B	Z	G	T	A	P	N	G	Z	A	G	A	S	A
I	T	T	S	A	E	W	A	D	F	N	T	B	T
B	U	T	A	M	T	S	U	M	M	A	A	Z	W

GABA
KWANO
KOFUNA
ABINCI
KYAUTA
GASA
GILASHI
JUG

BUTA
WUKA
TSUMMA
TANA
GIRKI
FIRIJI
SOSO
COKALI

59 - Art Supplies

T	A	K	A	R	D	A	M	R	U	H	I	K	R
S	E	T	U	L	N	X	K	A	M	A	R	A	U
Z	X	B	F	G	Y	N	E	Z	N	U	Q	E	W
T	O	Y	U	M	B	U	R	U	K	N	U	U	A
P	I	F	S	R	A	M	A	A	G	Q	E	R	K
Y	A	F	K	G	C	O	W	A	D	N	Z	L	D
P	R	T	A	W	A	D	A	K	U	J	E	R	A
Z	V	W	N	D	C	G	A	K	J	C	M	A	R
G	O	G	E	F	R	L	L	K	K	V	A	A	V
L	O	S	V	Z	Y	L	L	V	M	G	I	Y	J
H	G	G	D	B	L	K	K	V	S	W	I	O	S
O	K	R	E	Y	I	L	J	O	W	Y	J	Y	M
O	K	K	F	W	C	D	Q	Z	J	O	G	I	A
Y	G	F	O	K	A	S	E	X	S	U	X	R	F

ACRYLIC
GOGE
KAMARA
KUJERA
YUMBU
KERAWA
GOGEWA
MANNE

RA'AYOYI
TAWADA
MAI
TAKARDA
FUSKA
TEBUR
RUWA

60 - Science Fiction

X	U	T	K	W	K	D	A	P	K	A	A	Y	A
V	T	P	N	U	E	S	L	K	N	H	T	H	K
L	N	B	V	T	M	G	I	C	I	D	O	F	G
D	A	M	A	A	I	A	T	R	V	U	M	A	A
I	F	K	P	N	K	L	T	D	R	N	I	S	B
S	I	N	I	M	A	A	A	U	R	I	C	A	A
T	O	P	I	A	L	X	F	N	D	Y	P	H	T
O	T	U	T	Z	Z	Y	A	I	C	A	J	A	A
P	O	R	A	C	L	E	I	Y	X	R	V	R	R
I	D	T	K	C	U	L	I	A	F	A	Z	A	W
A	J	P	E	Y	F	Z	H	A	S	S	A	D	A
B	J	K	K	D	M	E	M	K	O	I	W	X	Z
X	Y	V	M	G	P	K	G	M	V	H	R	S	V
X	M	V	K	D	H	U	Z	K	M	A	Y	S	R

ATOMIC
LITTAFAI
KEMIKAL
SINIMA
DISTOPIA
DAMA
WUTA
GABATARWA
GALAXY
HASSADA
SIRRI
ORACLE
DUNIYAR
FASAHA
TOPIA
DUNIYA

61 - Airplanes

Z	W	P	W	J	A	S	K	D	I	K	F	D	B
T	A	D	V	G	P	A	K	Q	S	H	A	A	A
K	S	N	K	C	Q	U	Z	K	K	G	S	R	L
K	N	A	E	G	Y	K	T	U	A	P	I	A	A
T	N	X	Y	A	A	O	A	N	C	H	R	S	N
W	I	N	J	I	N	W	R	P	G	I	I	I	B
T	S	A	W	O	A	A	I	T	N	D	Y	K	A
K	U	N	G	I	Y	A	H	G	S	R	N	A	L
G	I	N	I	A	I	L	I	C	A	O	I	D	A
D	Z	J	F	M	H	U	M	D	M	G	K	U	N
F	A	T	A	R	K	A	J	B	A	E	B	W	L
H	A	U	K	A	N	K	O	G	I	N	Y	A	L
S	E	E	I	B	S	O	J	O	C	S	E	K	A
N	C	H	Q	R	H	T	P	K	W	R	U	B	P

KADUWA
ISKA
TSAWO
YANAYI
BALAN-BALAN
GINI
KUNGIYA
ZUCIYA
ZANE
DARASI
INJIN
FATAR
TSAYI
TARIHI
HIDROGEN
SAUKOWA
FASIRI
SAMA
HAUKAN KOGI

62 - Ocean

A	T	O	A	L	G	A	E	Z	K	O	K	G	U
S	V	I	H	X	H	I	F	K	I	F	I	I	O
K	X	C	N	F	J	W	Y	W	F	U	F	S	K
A	Y	S	I	P	A	G	A	A	I	X	I	H	S
U	I	O	J	A	T	L	T	L	N	Q	N	I	X
G	C	S	N	B	A	P	E	L	S	J	T	R	A
H	Z	O	A	K	N	I	M	I	H	Y	U	I	Y
L	K	A	W	A	L	V	T	Y	A	Q	N	K	Y
G	U	G	U	W	A	K	K	A	R	B	A	I	H
M	N	K	V	A	N	F	A	W	K	G	X	R	V
P	K	L	U	L	D	V	N	G	I	U	F	E	A
U	U	I	Q	E	E	I	B	P	U	L	S	E	O
X	N	A	D	O	L	P	H	I	N	W	A	F	C
M	U	R	J	A	N	I	V	E	C	M	A	Y	U

ALGAE
KWALLIYA
MURJANI
KAGUWA
DOLPHIN
GIYA
KIFI
KAWA
REEF
GISHIRI
KIFIN SHARKI
JATAN LANDE
SOSO
GUGUWA
KIFIN TUNA
KUNKUN
WALE

63 - Birds

K	C	V	U	R	C	R	C	A	N	A	R	Y	F
B	U	E	P	P	U	D	D	R	P	H	W	T	P
A	C	R	P	E	N	G	U	I	N	G	E	K	S
Y	K	T	C	L	K	M	I	K	I	Y	A	V	W
A	O	O	J	I	I	N	H	O	Z	G	F	C	A
N	O	U	H	C	Y	S	Y	Z	D	O	L	F	N
I	T	C	A	A	D	A	T	G	N	O	A	A	B
A	C	A	H	N	H	E	R	O	N	S	M	K	H
K	R	N	J	I	M	I	N	A	R	E	I	U	D
O	M	B	E	J	G	K	P	V	G	K	N	O	Y
Z	O	B	X	K	Y	K	A	Z	A	A	G	R	X
B	A	C	O	W	K	W	A	S	K	I	O	R	A
L	A	U	K	A	I	O	I	Q	E	K	Q	C	S
Q	D	P	W	I	T	E	K	M	V	I	Z	T	V

CANARY
KAZA
COW
CUCKOO
KURCIYA
DUK
MIKIYA
KWAI
FLAMINGO
GOOSE
HERON
JIMINA
AKU
KWASKI
PELICAN
PENGUIN
BAYANI
STORK
SWAN
TOUCAN

64 - Autumn

Y C M X M L M J C G V J G O
Ƙ A C O R N R R F C Z Q E R
V A Y A P P L E S A P L Q C
V W U I M P D Ƙ D Ƙ Z H Z H
L A F R N K R A Q V W U T A
V T R W A D X D A B I A D R
L A O F I Q A S A N Y I T D
O N V R F J X D X R B S Z P
K N T K D D M J A I E E P J
A I A K R Y K U K D B F Ƙ P
C V R E K S V P G I A T D C
I P X J B U A V Ƙ I Y P Q L
W E Q U I N O X T B U C Z U
A D K E N X R V Ƙ I W E U Z

ACORN
APPLES
KIRJI
YAYINDA
EQUINOX
IDI
WUTA
SANYI
ƘAURA
WATANNI
DABI'A
ORCHARD
LOKACI

65 - Nutrition

C	A	R	B	O	H	Y	D	R	A	T	E	S	M
B	I	T	A	M	I	N	Q	H	W	L	J	G	A
Z	P	Y	G	O	S	M	K	C	Y	J	L	A	T
Q	G	U	A	M	K	I	H	E	O	J	A	N	A
K	D	B	W	R	Y	Y	D	A	D	I	F	I	K
N	A	R	K	E	W	A	A	T	O	X	I	N	I
K	G	X	J	J	A	A	C	U	V	V	Y	J	A
Z	A	I	D	S	K	B	I	J	T	Q	A	I	B
Z	J	L	X	E	Y	Z	D	N	S	A	E	N	I
E	X	F	O	P	O	K	R	U	W	A	V	I	N
S	U	N	A	R	O	Y	I	N	B	O	K	J	C
U	F	E	C	X	I	C	I	A	M	T	V	H	I
V	Y	O	Q	Y	T	E	K	E	E	G	N	H	R
A	I	N	B	P	X	G	S	H	I	K	F	Q	H

CI
MATAKI
DACI
KALORIES
CARBOHYDRATES
ABINCI
NARKEWA
CIYARWA
DADI
LAFIYA
RUWA
GANIN JINI
SUNAROYIN
KYAUTA
MIYA
TOXIN
BITAMIN
NUNA

66 - Hiking

P	N	O	D	A	B	B	O	B	I	Y	I	T	Y
N	K	C	U	A	D	J	K	X	W	S	P	H	M
Y	R	U	W	A	B	K	E	Q	W	M	J	L	W
K	P	X	A	S	H	I	R	I	P	Z	S	X	U
Z	W	I	T	N	K	M	A	D	F	A	J	H	K
U	X	Z	S	F	E	Y	N	Z	K	N	I	T	T
Y	G	D	U	T	S	E	A	J	P	G	M	K	A
D	A	J	I	L	K	N	P	Y	H	O	Y	G	K
F	J	M	V	X	R	F	P	O	I	Z	O	X	A
G	A	J	I	Y	A	O	B	V	N	N	B	F	L
O	W	J	K	B	Y	I	P	L	Z	A	D	K	M
T	A	S	W	I	R	A	Q	T	W	B	U	A	A
C	B	Q	C	K	U	L	T	C	E	F	K	Y	M
Z	I	Q	X	J	P	T	A	R	O	N	P	M	I

DABBOBI
TAKALMA
ZANGO
YAYINDA
NAUYI
TASWIRA
DUTSE
DABI'A
JAWABI
SHIRI
DUWATSU
TARON
RANA
GAJIYA
RUWA
DAJI

67 - Professions #1

T	R	X	K	M	A	I	R	A	W	A	V	K	K
M	E	I	L	A	U	Y	A	Q	P	B	A	O	M
Z	D	L	G	I	Y	M	A	I	Z	A	N	E	A
W	I	M	A	G	N	A	G	M	U	N	A	U	W
M	T	I	A	I	D	I	N	S	G	K	S	E	A
K	A	N	K	R	V	S	V	A	I	I	J	R	K
Q	J	I	F	M	Q	A	B	Q	D	K	X	N	I
S	F	L	U	A	S	N	D	M	C	O	N	Q	E
A	P	M	M	A	F	A	R	A	U	C	I	K	I
R	Q	I	V	J	S	R	W	L	I	I	H	O	Q
K	J	S	K	V	Y	W	J	A	K	A	D	A	N
I	L	N	R	Q	N	A	K	M	M	S	N	K	J
M	A	D	U	B	I	Y	O	A	Z	K	S	W	Z
B	Q	K	A	L	F	O	L	I	K	I	T	A	Y

JAKADAN
MAI SANARWA
LAUYA
BANKI
MAI ZANE
KOCI
MAI RAWA
LIKITA
EDITA
MAI GIRMA
MAFARAUCI
KAYAN ADO
MAWAKI
NAS
MADUBIYO
ILMIN ILMI
SARKI
MALAMAI
TELA

68 - Dinosaurs

V	O	B	R	E	C	W	S	N	G	Z	W	T	M
Z	P	J	O	S	H	J	S	J	K	H	K	L	C
C	K	V	C	M	M	K	G	J	K	L	G	Y	Y
V	Z	T	R	K	H	G	W	J	F	Q	K	P	K
B	A	B	B	A	N	A	M	U	G	U	N	T	A
H	A	R	B	I	V	O	R	E	T	I	W	F	R
F	K	X	A	M	E	T	K	U	S	A	R	M	F
Z	O	F	V	B	A	B	B	A	O	O	X	M	I
D	U	N	I	Y	A	M	W	G	H	M	S	M	A
O	N	I	V	O	R	E	M	F	O	T	O	A	G
J	B	A	U	T	A	Z	T	O	K	D	P	C	P
J	U	Y	I	N	H	A	L	I	T	T	A	I	S
M	M	E	G	A	X	N	D	H	K	H	C	J	O
U	X	K	U	R	F	U	K	A	F	U	K	I	E

BAUTA
DUNIYA
BABBAN
JUYIN HALITTA
HARBIVORE
BABBA
MAMMOTH
ONIVORE
KARFI
TSOHO
MACIJI
GIRMA
WUTA
MUGUNTA
FUKA-FUKI

69 - Barbecues

W	W	N	W	S	Y	Y	Q	I	B	G	A	S	A
V	U	A	Z	A	F	I	J	N	A	I	E	B	P
K	K	B	S	B	Q	D	R	S	Z	S	G	P	O
O	A	A	F	A	E	A	B	A	A	H	O	Q	O
K	I	Ɗ	A	A	N	H	U	L	R	I	E	Y	O
K	P	Y	A	R	A	N	M	A	A	R	A	N	H
A	L	B	A	S	A	Y	I	T	L	I	O	F	Ƙ
Z	U	A	T	L	B	D	Y	I	I	I	I	X	D
A	B	O	K	A	I	K	A	Y	A	N	U	W	A
V	Y	Y	B	L	N	D	Q	H	E	J	V	E	L
T	S	U	K	N	C	Y	A	Y	A	A	D	U	D
H	W	Q	N	D	I	N	D	I	N	R	J	B	Q
C	H	P	N	W	P	C	T	U	M	A	T	I	R
L	L	A	Ƙ	G	A	S	G	A	T	A	M	X	I

KAZA
YARA
DIN DIN
IYALI
ABINCI
ABOKAI
'YA'YA
WASANNI
GASA
ZAFI

YUNWA
WUKA
KIƊA
ALBASA
SALATI
GISHIRI
MIYA
BAZARA
TUMATIR
KAYAN UWA

70 - Surfing

Z	S	D	Y	Q	M	L	Q	S	T	J	S	G	K
J	B	A	K	I	N	T	E	K	U	A	H	U	D
I	R	N	L	Z	N	E	H	J	A	M	A	D	D
U	F	W	T	O	R	E	E	F	I	A	H	A	X
H	W	A	N	I	S	H	A	D	I	A	A	W	F
K	G	S	D	I	N	Z	M	P	W	C	R	Z	S
R	N	A	P	L	P	R	G	K	B	M	A	A	M
U	H	U	P	T	S	T	E	K	U	H	V	K	W
Z	R	P	I	Q	A	W	Q	Q	U	Y	Q	A	K
J	Z	K	P	D	U	Z	N	D	C	M	X	R	Z
B	S	S	A	Z	R	G	J	V	I	P	F	A	L
M	A	F	A	R	I	O	W	E	K	A	A	A	E
Q	W	Z	P	O	F	Q	W	P	I	K	F	T	O
M	K	G	C	A	C	I	C	K	E	I	K	K	Y

DAN WASA
BAKIN TEKU
MAFARI
ZAKARA
JAMA'A
KUMFA
NISHADI
TEKU
SHAHARA
REEF
SAURI
CIKI
KARFI
SALO
GUDA

71 - Chocolate

Q	M	X	K	K	X	G	T	R	F	F	G	I	M
A	B	A	A	W	Y	M	Y	G	I	R	K	I	A
Q	K	N	L	A	K	A	R	A	M	E	L	Q	I
D	A	T	O	K	P	F	U	M	D	D	J	M	D
Y	W	I	R	W	D	I	N	T	I	A	E	C	A
Y	M	O	I	A	V	T	Z	I	A	N	C	G	D
F	L	X	E	Q	T	A	O	D	J	D	B	W	I
M	P	I	S	F	S	L	Z	D	W	A	F	K	L
E	X	D	U	U	E	D	L	L	Y	N	X	N	X
U	G	A	K	D	V	S	D	K	C	O	A	U	Z
S	U	N	A	D	A	R	A	I	A	N	T	V	A
G	O	T	R	W	O	D	C	A	C	Z	C	S	T
Q	I	W	I	H	S	U	I	I	A	R	C	R	F
M	R	T	M	F	U	Y	F	N	O	B	V	Z	C

ANTIOXIDANT
DACI
CACAO
KALORIES
KARAMEL
KWAKWA
MAFITA
DADI

SUNADARAI
GYADA
KYAUTA
GIRKI
SUKARI
MAI DADI
DANDANO

72 - Vegetables

K	K	J	G	K	A	R	T	I	C	H	O	K	E
N	O	W	B	E	B	K	B	O	Z	S	F	A	K
A	C	K	A	C	I	T	T	A	R	A	A	R	A
M	O	E	W	I	P	M	S	B	A	L	S	A	B
A	K	T	L	A	K	S	V	K	D	A	K	S	E
N	A	U	K	E	M	C	F	R	I	K	I	T	W
K	I	R	E	O	R	B	A	A	S	K	B	R	A
A	R	A	E	K	O	Y	A	P	H	I	T	U	F
Z	R	W	V	Z	K	A	L	A	Y	Y	A	F	O
A	K	A	I	I	S	L	C	E	C	D	Q	E	A
N	J	R	E	R	M	B	A	B	U	I	F	K	E
F	A	R	I	N	K	A	B	E	J	I	L	O	O
G	R	A	C	D	F	S	T	X	B	B	L	H	G
D	G	N	T	U	M	A	T	I	R	D	X	R	A

ARTICHOKE
KARAS
FARIN KABEJI
CELERY
KOKWAMBA
KWAI
CITTA
NAMAN KAZA
ALBASA
FASKI
KAI
KABEWA
RADISH
SALAK
BABU
ALAYYAFO
TUMATIR
TURAWA

73 - Boats

S	H	I	C	L	K	K	T	E	A	K	K	Z	I
K	J	Z	R	Z	M	R	D	I	K	M	A	S	N
D	U	I	P	K	A	N	O	E	D	C	Y	A	J
H	J	N	R	O	G	Z	K	U	O	E	A	R	I
Q	V	P	G	G	T	A	F	K	I	N	K	K	N
C	N	W	Q	I	I	G	D	C	D	G	K	I	Z
G	O	W	J	F	Y	N	N	S	H	Z	D	P	Y
I	S	R	E	S	P	A	F	W	F	K	P	J	G
N	A	U	T	I	C	A	L	I	H	H	Z	O	F
F	N	V	T	L	C	T	S	O	T	E	K	U	W
D	G	B	U	O	Y	Z	C	U	C	O	B	K	V
R	A	J	I	R	G	I	N	R	U	W	A	F	J
I	G	I	Y	A	X	M	H	J	Y	A	Y	F	Y
I	V	A	G	Z	D	E	M	W	O	K	I	R	P

ANGA
BUOY
KANOE
KUNGIYA
DOK
INJIN
JIRGIN FITO
KAYAK
TAFKIN
MAS
NAUTICAL
KOGI
IGIYA
SARKI
TEKU
TIDE
JIRGIN RUWA

74 - Activities and Leisure

B	F	K	A	M	F	A	N	I	Q	C	F	B	F
O	A	O	A	T	K	X	J	S	Y	R	V	Q	S
S	S	D	W	A	S	A	N	T	E	N	N	I	S
I	A	L	I	F	K	S	V	Y	K	K	L	G	H
N	H	V	T	I	J	W	B	Q	P	W	I	O	J
G	A	Q	B	Y	J	W	A	R	K	A	R	W	A
N	K	T	U	A	V	W	S	N	J	L	B	R	C
E	U	K	U	U	R	B	E	L	D	L	P	Q	E
Q	L	T	N	X	M	B	B	K	G	O	L	F	V
Z	L	B	S	A	J	V	A	T	J	N	L	N	J
F	A	B	D	U	S	U	L	S	Q	K	C	U	S
F	D	N	Y	U	W	J	L	U	S	A	Q	H	J
Q	F	S	G	K	H	A	I	C	P	F	N	J	T
E	O	A	B	O	G	I	N	D	I	A	T	K	F

FASAHA
BASEBALL
KWANDO
BOSING
ZANGO
NUTSUWA
KAMFANI
GINDI
GOLF
WARKARWA
KWALLON KAFA
WASAN TENNIS
TAFIYA

75 - Driving

D	O	Y	B	A	Z	D	K	O	S	R	N	S	C
I	L	A	S	I	S	J	F	B	A	K	N	A	L
R	D	N	G	A	S	W	B	A	B	U	R	U	O
E	B	S	K	H	Y	N	E	M	T	D	N	K	I
B	O	A	M	U	S	G	C	J	O	A	V	I	S
A	B	N	T	I	T	I	M	H	D	T	R	H	A
T	V	D	O	X	V	H	A	N	Y	A	A	A	U
Q	S	A	V	L	K	E	I	J	O	S	J	D	R
Y	H	I	I	S	L	J	T	Q	V	W	B	A	I
O	K	B	R	O	K	R	A	Y	N	I	I	R	O
B	Y	M	P	A	V	M	F	Z	P	R	R	I	J
G	A	R	E	J	I	U	I	O	V	A	K	L	W
R	A	M	I	M	Q	H	Y	A	L	N	I	B	P
G	S	L	C	I	K	I	A	U	C	X	H	K	W

BIRKI
HADARI
DIREBA
FATAR
GAREJI
GAS
LASIS
TASWIRA
MOTA
BABUR
MAI TAFIYA
'YAN SANDA
HANYA
TSIRA
SAURI
TITI
CIKI
SAUKI
RAMI

76 - Professions #2

L	E	O	D	R	P	U	G	W	X	K	K	Q	Q
I	N	J	I	N	I	C	B	A	X	B	C	Z	F
K	B	D	R	K	J	M	F	Q	N	H	O	T	O
I	V	A	R	F	X	Q	Y	D	P	O	J	F	M
T	C	Z	Y	H	C	J	T	B	Q	K	V	A	A
A	Q	H	B	A	M	A	I	Z	A	N	E	L	I
F	S	Z	C	I	N	T	S	D	F	M	O	S	K
M	P	Q	B	A	U	I	Q	Z	E	A	S	A	I
M	I	X	E	I	Y	N	M	K	P	N	K	F	R
A	Z	S	H	S	F	U	W	V	Z	O	L	A	K
L	N	G	A	M	A	I	G	I	R	M	A	P	I
A	F	Z	Y	L	I	B	R	A	R	I	A	N	R
M	V	J	M	A	I	B	I	N	C	I	K	E	O
I	K	D	A	N	J	A	R	I	D	A	U	D	K

BAYANI
GANO
INJINI
MANOMI
MAI GIRMA
MISALI
MAI KIRKIRO
DAN JARIDA
LIBRARIAN
MAI ZANE
FALSAFA
HOTO
LIKITA
MAI BINCIKE
MALAMI

77 - Emotions

A	G	A	F	E	J	K	Y	Z	R	V	G	K	F
H	X	O	W	H	R	U	N	L	M	K	A	U	E
L	L	S	D	M	Z	R	Y	C	K	Y	M	Z	X
Y	M	P	H	I	C	K	T	A	N	X	S	A	Z
N	K	H	N	A	Y	W	U	S	Y	X	U	M	K
A	K	K	H	F	Y	A	B	X	O	I	O	A	T
T	C	U	M	U	R	N	A	Y	L	R	Y	N	J
S	N	E	H	S	K	T	K	F	E	B	O	L	W
U	F	A	E	H	Q	A	I	X	O	O	T	A	H
W	W	J	R	I	F	W	N	I	I	M	A	F	U
A	L	H	E	R	I	H	C	N	F	S	U	I	T
S	O	Y	A	Y	Y	A	I	H	D	T	S	Y	B
A	V	Z	Q	N	Q	K	K	R	T	R	H	A	U
U	C	Q	U	Q	A	B	I	Z	C	F	I	U	J

FUSHI
NI'IMA
KWANTA
TSORO
GODIYA
MURNA
ALHERI
SOYAYYA
ZAMAN LAFIYA
BAKIN CIKI
GAMSU
JUYAYI
TAUSHI
NATSUWA

78 - Mythology

F	E	G	W	H	A	L	I	C	S	N	N	C	B
O	I	Z	W	A	L	K	I	Y	A	M	P	S	A
Q	J	H	D	T	A	P	P	A	M	Z	V	G	L
Q	S	F	K	F	D	V	I	D	A	B	P	B	A
C	S	T	A	N	A	L	A	B	A	R	I	J	I
L	C	E	K	S	C	O	J	M	H	F	S	A	U
B	I	B	U	W	I	D	Y	T	K	U	K	R	L
M	O	M	Q	K	D	Y	P	S	A	Q	I	U	G
U	I	S	K	N	I	Y	A	A	R	G	U	M	H
M	U	T	U	W	A	S	W	D	F	H	L	I	Y
K	U	D	H	W	Q	H	H	A	I	M	A	N	I
V	G	T	D	O	D	O	Z	I	Y	M	A	R	S
R	C	E	U	A	R	C	H	E	T	Y	P	E	L
M	T	M	Z	M	H	A	L	I	T	T	A	Y	Q

ARCHETYPE
HALI
IMANI
HALITTA
AL'ADA
BALA'I
SAMA
MUTUWA
KISHI
LABARI
WALƘIYA
DODO
MUTUM
FASIYA
KARFI
TSADA
JARUMI

79 - Hair Types

Y	Q	M	D	K	A	U	R	I	B	Z	U	S	Z
B	O	E	S	A	B	U	S	H	E	A	P	W	F
U	V	R	Z	D	A	S	U	A	P	R	K	B	C
K	T	M	T	I	M	K	N	F	I	E	D	I	W
G	R	A	Y	Y	A	J	M	U	A	U	O	V	K
F	H	L	Q	Y	X	R	Y	K	J	Y	G	R	F
W	O	G	A	A	Q	C	W	C	L	G	O	C	X
D	O	A	L	F	T	U	K	A	B	A	R	I	T
F	N	S	Z	A	I	J	F	O	W	J	Y	S	W
P	N	H	I	R	U	Y	L	H	K	E	J	A	S
F	O	I	E	I	M	S	A	C	U	R	L	Y	A
S	H	I	N	E	F	W	H	W	Z	E	U	E	N
K	J	X	B	B	E	U	F	I	N	L	Q	Y	K
L	J	D	Y	F	H	E	A	G	J	F	B	V	O

SANKO
BAKI
TUKA
ZARE
GASHI
CURLY
BUSHE
GRAYYA

LAFIYA
DOGO
SHINE
GAJERE
LAUSHI
KAURI
KADI
FARI

80 - Garden

H	V	D	I	F	U	R	A	C	T	N	O	Q	S
U	K	A	T	K	B	Z	T	X	C	T	R	J	H
O	W	J	A	N	E	U	A	Z	L	Z	H	I	E
R	R	I	C	B	N	W	F	F	A	R	K	O	B
I	A	C	E	A	C	A	D	L	M	M	U	J	U
D	G	F	H	R	I	N	I	Y	B	I	I	H	R
L	A	E	S	A	L	I	T	S	U	O	I	V	A
Y	R	K	R	N	R	Y	T	Q	N	D	O	W	G
X	A	Y	G	D	K	D	W	S	C	H	D	K	L
R	Q	E	I	A	K	B	K	F	G	C	S	Z	L
K	A	X	T	T	R	A	M	P	O	L	I	N	E
Z	O	K	D	Y	R	E	C	I	G	A	W	A	K
Z	D	C	E	B	W	G	J	K	C	I	Y	O	A
R	B	M	N	F	W	B	T	I	Y	O	B	G	O

BENCI
DAJI
FARKO
FURA
GAREJI
LAMBUN
CIGAWA
RAGA
TIYO
ORCHARD
TAFDI
RAKE
SHEBUR
BARANDA
TRAMPOLINE
ITACE
ZUWA
CIYO

81 - Birthday

W	Z	W	N	J	F	H	S	D	P	C	K	K	Z
T	A	K	A	N	D	A	L	I	M	V	Y	K	P
N	V	K	W	X	P	I	R	O	E	T	A	R	Q
L	O	K	A	C	I	H	K	I	F	D	U	I	D
R	A	N	A	D	T	U	K	I	N	P	T	S	M
V	A	O	B	W	S	W	Y	T	T	C	A	H	A
B	D	K	M	U	S	A	M	M	A	N	I	E	V
I	C	D	M	A	U	M	R	X	E	L	M	K	I
K	A	L	A	N	D	A	M	H	J	K	F	A	I
I	K	A	T	U	N	A	N	I	F	E	A	R	W
A	B	O	K	A	I	X	Z	K	D	K	O	A	V
G	A	Y	Y	A	T	A	O	I	W	S	K	S	A
N	I	S	H	A	D	I	X	M	A	T	A	S	A
P	W	S	E	Y	Q	O	D	A	W	E	W	W	O

HAIHUWA
KEK
KALANDA
KANDALI
KATUNAN
BIKI
RANA
ABOKAI
NISHADI
KYAUTA
FARIN CIKI
GAYYATA
WAKA
MUSAMMAN
LOKACI
HIKIMA
SHEKARA
MATASA

82 - Beach

T	E	K	U	X	R	A	N	A	F	M	J	T	S
W	M	R	S	H	E	K	A	R	U	F	K	S	A
B	I	U	R	F	E	X	H	P	V	H	J	I	N
F	P	M	V	V	F	S	T	J	D	C	U	B	D
B	X	D	M	R	D	A	L	I	A	O	M	I	O
Z	L	T	M	A	G	N	C	R	H	H	K	R	F
R	J	A	M	V	D	D	S	G	X	O	J	I	H
K	H	W	M	P	N	A	R	I	C	X	D	N	U
A	N	U	S	B	N	L	O	N	K	E	X	X	T
G	L	L	H	K	A	I	U	R	K	F	H	W	U
U	L	Y	U	J	B	R	V	U	S	S	C	R	J
W	Z	J	Ɗ	P	K	K	V	W	M	R	R	I	H
A	S	K	I	K	D	K	T	A	I	Y	T	U	D
L	A	G	O	O	N	K	W	A	L	L	I	Y	A

SHUƊI
KWALLIYA
SHEKARU
KAGUWA
DOK
TSIBIRIN
LAGOON
REEF
JIRGIN RUWA
SANDO
SANDALI
TEKU
RANA
TAWUL
LAMBA
HUTU

83 - Adjectives #1

Z	X	F	W	N	E	W	Y	Q	T	F	M	I	W
V	K	S	J	F	A	D	L	S	A	A	A	R	F
B	A	K	I	L	I	U	I	N	I	R	I	I	B
Y	R	S	E	H	N	H	Y	U	M	I	Ƙ	D	B
Q	Q	F	F	Q	H	U	J	I	A	N	A	A	U
Ƙ	U	G	A	S	K	I	Y	A	K	C	N	Y	R
M	F	K	A	C	G	Z	H	H	A	I	S	A	I
M	A	I	H	A	N	K	A	L	I	K	H	C	R
M	S	I	V	E	U	M	T	I	R	I	I	Y	L
S	A	T	G	I	I	Q	X	Z	A	M	A	N	I
A	H	F	C	I	K	A	K	K	A	K	H	F	V
U	A	D	I	V	R	M	A	I	K	Y	A	U	L
K	Y	A	U	T	V	M	U	H	I	M	M	I	A
I	T	O	H	A	A	Y	A	P	Y	H	Ƙ	H	G

CIKAKKA
BURI
MAI ƘANSHI
FASAHA
KYAU
DUHU
MAFITA
MAI GIRMA
FARIN CIKI
NAUYI

TAIMAKA
GASKIYA
IRI DAYA
MUHIMMI
ZAMANI
MAI HANKALI
SAUKI
BAKI
MAI KYAU

84 - Rainforest

M	J	W	B	K	B	Y	A	J	P	I	V	G	K
A	A	U	O	O	G	V	J	A	F	O	I	I	I
Y	F	L	T	B	Z	P	R	N	Y	Y	K	G	Y
A	U	B	A	G	I	R	M	A	M	A	W	A	A
R	W	G	N	M	B	G	K	F	O	Y	A	N	Y
W	T	S	I	R	A	A	R	Q	L	I	R	S	E
A	Z	R	C	R	K	I	N	P	H	N	I	A	P
N	U	P	A	S	G	A	X	B	E	D	S	K	E
E	K	N	L	Z	J	I	R	C	A	A	K	U	R
H	F	H	B	A	O	E	J	P	D	N	S	K	L
Y	U	B	L	P	Z	V	S	E	A	Q	C	A	T
T	S	U	N	T	S	A	Y	E	B	W	L	I	Y
S	K	M	A	I	K	Y	A	U	I	J	I	W	N
S	A	L	U	M	M	A	R	K	A	M	O	U	U

TSUNTSAYE
BOTANICAL
YAYINDA
GIRGIJE
AL'UMMA
BANBANCIN
KWARI
MALAMAI
GANSAKUKA
DABI'A
KIYAYE
FUSKA
GIRMAMAWA
MAYARWA
TSIRA
MAI KYAU

85 - Technology

S	K	W	A	Y	A	R	C	U	T	A	S	M	I
K	P	R	P	K	I	D	I	D	D	I	G	A	N
M	A	I	B	I	N	C	I	K	E	F	K	N	T
T	P	C	L	A	W	L	H	N	V	A	A	U	E
E	I	K	G	P	R	B	O	U	R	Y	M	N	R
S	H	A	F	I	J	Y	Y	L	R	I	A	I	N
B	O	D	I	J	I	T	A	L	Q	L	R	Y	E
A	B	F	C	R	K	E	O	Y	Y	R	A	A	T
Y	Y	E	T	C	X	S	Q	K	P	R	Z	L	S
A	I	G	S	W	R	Z	P	U	F	U	P	L	A
N	N	K	A	M	A	D	A	W	A	N	E	O	K
A	L	R	R	L	E	R	K	W	C	M	O	I	O
I	P	S	O	V	T	G	E	L	N	B	K	W	Z
K	W	A	M	F	U	T	A	M	A	T	G	D	Q

SHAFI
MAI BINCIKE
BYTES
KAMARA
KWAMFUTA
MANUNIYA
BAYANAI
DIJITAL
FAYIL
INTERNET
SAKO
ALLO
TSARO
SOFTWARE
KIDIDDIGA
KAMA-DA-WANE
KWAYAR CUTA

86 - Landscapes

L	R	Y	Z	I	H	G	K	D	A	N	W	N	G
F	A	D	A	M	A	U	W	U	H	M	T	F	L
T	K	Q	N	S	M	L	A	T	O	K	S	K	A
V	U	B	G	D	A	F	R	S	R	Y	I	A	C
Y	V	N	O	N	D	S	I	E	U	Y	B	W	I
A	B	G	D	E	A	S	H	H	W	B	I	E	E
S	E	A	R	R	N	P	X	I	A	V	R	I	R
H	K	S	K	T	A	F	K	I	N	F	I	P	Z
I	C	K	O	I	T	E	K	U	R	T	N	A	X
N	O	I	G	C	N	K	N	F	U	U	E	K	E
Y	V	Y	I	V	P	T	I	P	W	D	X	K	Y
Q	E	A	F	M	J	X	E	C	A	U	Q	O	U
H	K	E	I	M	N	L	I	K	K	T	N	G	Q
I	Q	R	S	W	V	F	E	S	U	L	W	O	Z

BAKIN TEKU
KOGO
COVE
HAMADA
YASHI
GASKIYA
GLACIER
GULF
TUDU
TSIBIRIN
TAFKIN
DUTSE
ZANGO
SASHIN TEKU
KOGI
TEKU
FADAMA
TUNDRA
KWARI
RUWAN RUWA

87 - Visual Arts

K	M	A	L	K	A	L	A	M	I	D	I	C	B
T	E	P	A	K	A	K	I	N	Z	U	M	A	P
F	Y	Z	J	R	U	Y	Y	X	M	H	B	I	B
S	Y	Y	N	M	Y	C	U	W	A	N	S	Y	J
T	Z	E	J	D	J	U	A	M	N	M	K	L	K
E	A	L	J	G	R	H	J	A	B	E	U	N	L
N	W	G	Y	S	N	F	V	S	B	U	X	X	Q
C	M	H	K	D	Y	H	U	A	M	X	I	N	F
I	U	M	W	Y	K	U	D	R	G	W	F	I	M
L	J	D	S	H	A	N	K	A	L	I	E	P	H
V	G	B	R	A	V	U	X	U	H	S	N	E	O
X	Q	A	B	L	I	T	T	T	G	A	S	E	T
B	U	S	Z	L	D	P	V	A	P	V	I	I	O
O	M	V	N	I	K	E	R	A	W	A	R	Y	D

GINE
ALLI
YUMBU
KERAWA
FIM
MASARAUTA
ALKALAMI

FENSIR
HANKALI
HOTO
KYAUTA
STENCIL
KAKIN ZUMA

88 - Plants

C	I	Y	A	Y	I	U	K	V	P	P	P	J	G
G	I	R	M	A	P	W	Q	X	S	B	C	D	A
T	V	G	N	A	U	I	N	T	U	F	F	A	N
F	Y	G	A	T	U	T	U	T	K	U	K	J	S
I	U	J	K	W	A	K	E	U	A	R	W	I	A
T	S	R	A	T	A	K	I	S	T	E	A	M	K
A	S	I	A	T	V	R	K	H	S	T	N	J	U
C	W	V	Q	H	W	K	N	E	I	F	G	M	K
E	A	U	E	G	L	E	G	E	N	B	W	B	A
Y	N	Z	C	U	A	K	X	A	A	Y	A	I	R
G	A	N	Y	E	X	K	G	A	I	X	L	C	X
I	L	I	M	I	N	S	H	U	K	A	A	P	R
L	A	M	B	U	N	H	M	I	K	M	Z	H	M
S	G	K	J	U	D	M	Z	E	T	E	P	Z	O

KWANGWALA
WAKE
NAU'IN TUFFA
ILIMIN SHUKA
KATSINA
TAKI
FURE
FURA
GANYE
DAJI
LAMBUN
CIGAWA
GIRMA
IVY
GANSAKUKA
TUSHE
TUTU
ITACE
CIYAYI

89 - Countries #2

K	K	E	U	K	E	T	H	I	O	P	I	A	V
L	I	B	E	R	I	A	D	A	E	I	J	K	F
A	L	B	A	N	I	Y	A	K	I	K	Z	J	N
O	Y	Z	D	N	T	U	D	R	M	T	L	A	E
S	J	C	T	V	U	D	H	P	D	Y	I	M	P
J	B	I	W	H	G	R	E	E	C	E	H	A	A
C	A	R	J	P	A	K	I	S	T	A	N	I	L
Y	I	P	D	E	N	M	A	R	K	C	O	C	E
S	W	X	A	T	D	S	U	D	A	N	E	A	B
H	Y	U	X	N	A	M	E	X	I	C	O	R	A
S	G	R	S	O	M	A	L	I	A	O	T	A	N
U	D	Z	I	Z	N	I	G	E	R	I	A	S	O
Q	U	K	R	A	I	N	E	C	R	K	X	H	N
P	K	E	K	C	W	P	B	N	D	U	S	A	F

ALBANIYA
DENMARK
ETHIOPIA
GREECE
HAITI
JAMAICA
JAPAN
LAOS
LEBANON
LIBERIA
MEXICO
NEPAL
NIGERIA
PAKISTAN
RASHA
SOMALIA
SUDAN
SYRIA
UGANDA
UKRAINE

90 - Ecology

A	L	U	M	M	A	T	H	D	W	Z	R	C	K
Y	Y	U	D	K	Q	Q	S	C	Y	R	W	I	E
L	A	C	Y	G	X	O	Z	I	F	I	W	Y	V
M	O	Y	Y	F	K	K	K	N	R	M	U	A	L
F	A	R	I	K	H	V	O	L	U	R	H	Y	Y
A	W	R	R	N	F	U	R	E	X	Q	A	I	D
U	Z	A	S	D	D	U	N	I	Y	A	I	I	L
N	U	M	T	H	S	A	H	A	L	I	T	T	A
A	B	A	N	B	A	N	C	I	N	U	M	T	K
U	D	Z	Z	E	D	A	B	I	A	K	K	S	N
V	H	N	B	Q	Z	A	S	A	B	A	R	I	P
W	O	F	I	I	Y	J	S	K	Y	I	S	R	I
Q	N	G	A	M	E	D	A	R	U	W	A	A	E
U	D	N	S	L	W	N	K	M	L	K	H	R	K

YAYINDA
AL'UMMA
BANBANCIN
FARI
FAUNA
FURE
DUNIYA
GAME DA RUWA
MARSH
HALITTA
DABI'A
TSIRRAI
ASABAR
TSIRA
CIYAYI

91 - Adjectives #2

B	A	R	C	I	L	M	S	H	A	A	W	A	J
A	L	F	A	H	A	R	I	R	L	K	Z	F	F
Y	N	S	A	B	F	R	W	E	H	K	G	V	S
A	S	H	A	F	I	K	I	R	A	Y	U	K	I
N	D	A	J	I	Y	Y	S	Q	K	A	R	F	I
I	J	L	N	N	A	A	K	Y	I	U	K	Y	K
J	T	I	Z	A	Q	U	X	N	O	T	K	K	V
R	J	T	G	Q	N	P	X	I	C	A	J	Y	I
X	K	T	A	Q	J	N	R	B	Z	Z	J	U	J
H	Y	A	S	B	S	O	E	R	U	V	U	N	U
C	U	W	K	A	K	A	I	N	H	S	U	W	N
Z	A	F	I	I	S	T	B	U	S	A	H	A	K
Z	I	D	Y	W	I	B	O	O	J	X	H	E	X
L	S	F	A	A	R	D	H	A	S	A	L	T	I

GASKIYA
FIKIRA
BAYANI
BUSHE
KYAU
SANANNEN
BAIWA
LAFIYA
ZAFI
YUNWA

M SHA'AWA
HALITTA
SABO
KYAUTA
ALFAHARI
ALHAKI
SALTI
BARCI
KARFI
DAJI

92 - Math

G	Q	C	A	B	A	Y	A	N	I	K	D	A	O
D	I	A	M	I	T	A	M	U	R	Y	A	L	K
X	K	L	Y	S	Y	W	U	G	M	H	I	W	H
E	B	X	I	K	M	A	T	A	K	I	D	A	L
S	W	Y	N	S	L	I	T	M	H	B	A	T	J
K	N	T	D	W	S	T	Y	I	N	T	I	I	B
J	C	Y	R	E	T	A	N	G	L	E	T	K	F
R	X	I	W	W	Q	K	F	E	F	D	U	A	R
P	O	L	Y	G	O	N	A	I	D	U	W	J	P
N	A	Z	A	M	A	N	I	R	R	R	A	W	G
X	E	R	F	A	S	A	L	I	Y	N	D	L	Z
B	T	M	U	R	A	B	B	A	I	A	O	Y	R
I	T	O	L	J	V	D	X	N	B	I	Y	D	N
A	G	F	Z	E	K	U	N	G	I	Y	A	Z	X

KUNGIYA
YAWAITA
NA ZAMANI
DIAMITA
DAIDAITUWA
BAYANI
KARYA
LISSAFI
MATAKI
POLYGON
RETANGLE
MURABBA'I
FASALI
ALWATIKA
MURYA

93 - Water

W	G	M	G	H	C	H	L	L	G	H	G	N	E
Q	Y	J	U	Q	K	A	X	M	Z	U	C	F	P
Y	S	E	G	Y	K	W	N	P	K	N	M	E	P
Q	J	K	U	G	G	U	K	A	U	Q	J	I	J
A	B	A	W	R	B	W	B	V	L	R	U	W	A
D	U	S	A	R	K	A	N	K	A	R	A	V	M
A	F	M	S	A	N	Y	I	K	O	F	Z	T	B
N	O	O	H	C	E	B	H	C	D	I	R	L	A
S	Q	N	A	F	T	C	X	I	I	Z	I	C	L
H	V	S	W	X	T	U	R	U	R	I	B	G	I
I	X	O	A	J	A	E	G	T	T	E	S	D	Y
W	P	O	S	Z	P	U	K	O	G	I	P	N	A
K	A	N	K	A	R	A	Q	U	P	O	W	X	L
T	A	F	K	I	N	Z	I	R	I	K	W	M	J

CANAL
HAWUWA
AMBALIYA
SANYI
GUMI
GUGUWA
KANKARA
TAFKIN
DANSHI
MONSOON
TEKU
RUWA
KOGI
SHAWA
DUSAR KANKARA
TURURI

94 - Activities

Z	R	J	L	K	C	I	S	O	O	K	H	R	X
R	A	A	K	L	V	T	A	D	I	N	K	I	U
M	M	N	W	A	S	A	N	N	I	D	A	Y	I
R	A	A	G	A	J	E	A	V	D	K	R	M	P
M	M	D	H	O	T	O	A	K	D	F	A	K	G
J	B	A	S	I	R	A	K	P	B	B	T	A	K
S	W	S	B	P	F	U	F	B	L	I	U	M	P
G	X	U	K	I	B	M	A	I	E	A	Y	F	F
D	A	M	A	F	K	Q	S	G	Y	B	B	A	T
G	I	N	D	I	W	S	A	G	A	A	V	N	O
A	K	W	U	Y	S	I	H	I	R	I	P	I	I
L	I	P	N	Y	B	T	A	J	D	G	Z	H	S
F	A	R	U	W	A	T	E	M	A	F	V	Q	U
B	L	Z	V	L	Y	H	L	U	R	H	U	D	L

AIKI
FASAHA
ZANGO
SANA'A
RAWA
KAMFANI
WASANNI
GINDI
TAFIYA
FARUWA
DAMA
SIHIRI
HOTO
YARDAR
KARATU
JANADA
DINKI
BASIRA

95 - Literature

K	X	K	Y	X	G	S	K	C	B	E	K	M	M
A	O	W	A	K	A	U	H	G	I	T	A	I	I
R	T	A	E	B	A	W	B	S	N	A	R	S	S
I	W	N	D	A	C	E	W	A	C	R	S	A	A
A	A	T	R	Y	L	M	C	L	I	B	H	L	L
K	Q	A	Z	A	A	M	K	O	K	I	E	I	I
M	A	G	A	N	A	R	A	D	E	Y	W	G	N
A	Q	B	T	I	J	C	K	R	Z	Y	P	T	Q
R	M	H	G	X	A	T	E	R	A	A	Y	I	A
U	Y	U	J	L	M	O	Z	R	Q	K	X	V	O
B	N	A	S	N	I	L	A	B	A	R	I	K	B
U	K	M	T	I	E	X	J	X	Z	R	L	B	F
C	L	K	T	J	B	K	C	K	U	I	U	M	L
I	A	U	L	V	K	A	P	V	R	Z	O	B	W

MISALIN
BINCIKE
LABARI
MARUBUCI
TARBIYYA
KWANTA
KARSHE
BAYANI
MAGANAR
ALMARA
MISALI
RA'AYI
WAKA
WAQA
DACEWA
KARI
SALO
JAM'I
MUSIBA

96 - Geography

T	S	A	Y	I	K	V	M	M	C	K	U	D	U
G	A	R	I	P	K	N	E	G	S	A	X	U	L
D	C	S	H	L	O	N	R	L	D	S	T	T	A
U	X	T	W	D	T	P	D	Q	E	A	S	S	T
N	Y	V	W	I	A	S	I	K	O	G	I	E	I
I	A	A	Q	H	R	K	A	S	A	H	B	W	T
Y	N	T	M	N	E	A	N	U	K	A	I	R	U
A	K	L	E	M	W	B	N	S	C	L	R	U	D
O	I	A	V	N	A	H	I	Y	A	I	I	Y	E
K	G	S	V	T	E	K	U	K	R	F	N	E	G
S	K	D	Z	W	S	Z	P	H	X	A	S	S	G
D	V	E	W	K	Y	A	D	C	T	N	K	U	U
E	E	X	W	A	B	P	W	U	R	I	K	J	J
Q	F	R	W	F	M	X	I	O	M	M	S	E	I

TSAWO
ATLAS
GARI
NAHIYA
KASA
HALIFA
TSIBIRIN
LATITUDE
TSAYI
TASWIRA

MERDIAN
DUTSE
AREWA
YANKI
KOGI
TEKU
KUDU
KASA
YAMMA
DUNIYA

97 - Pets

O	K	F	M	L	D	D	D	G	D	D	H	J	W
S	W	V	K	A	R	E	A	K	I	F	I	D	U
O	B	A	Q	B	G	B	N	I	M	Y	H	X	K
L	A	K	U	I	W	E	V	T	G	H	L	D	W
A	I	S	V	N	N	H	E	T	N	H	F	I	A
K	V	Z	O	C	W	U	T	A	W	A	K	I	N
F	I	O	A	I	H	T	E	N	Z	I	P	Z	A
Q	H	M	F	R	U	X	R	K	U	N	K	U	N
K	R	O	Y	U	C	K	I	J	K	A	P	C	S
K	W	J	K	W	F	I	N	M	Y	S	H	E	A
M	N	A	K	A	Z	H	A	M	S	T	E	R	N
K	G	A	L	O	M	Z	R	E	H	D	M	X	N
D	U	G	X	A	D	K	Q	K	P	S	R	U	U
D	K	C	C	W	R	Y	U	B	O	J	T	I	I

MAGE
KWALA
SANNU
KARE
KIFI
ABINCI
AWAKI
HAMSTER
KITTAN

LIZARCI
AKU
KWANA
ZOMO
WUTA
KUNKUN
DAN VETERINAR
RUWA

98 - Nature

N	A	T	S	U	W	A	D	A	K	Z	M	K	E
E	R	W	U	T	A	M	A	U	I	H	A	Z	O
K	C	O	P	K	B	T	B	C	V	B	G	Q	Y
Q	T	I	W	L	K	K	B	S	R	J	A	R	M
I	I	O	M	C	U	H	O	E	K	J	N	G	G
S	C	N	K	Y	U	F	B	A	J	G	A	T	F
H	A	M	A	D	A	G	I	A	B	K	R	T	Q
U	U	B	Y	A	T	A	G	Y	X	O	N	S	D
D	W	K	G	J	E	N	J	I	T	G	A	A	U
Z	G	D	U	I	K	Y	A	U	R	I	N	U	Y
K	C	T	M	N	H	E	D	L	X	G	S	R	A
Y	L	G	L	A	C	I	E	R	W	O	I	I	P
C	Q	O	S	O	S	I	U	T	K	H	V	J	D
M	U	H	I	M	M	I	Y	A	D	P	J	D	E

DABBOBI
ARCTIC
KYAU
GIRGIJE
HAMADA
TSAURI
WUTA
HAZO
GANYE
DAJI
GLACIER
KOGI
HUKUNCI
NATSUWA
MAGANAR NAN
MUHIMMIYA

99 - Championship

G	D	J	Z	H	G	K	L	K	G	P	Q	A	Z
W	U	E	U	A	M	T	K	A	T	A	K	B	P
J	L	M	R	F	R	O	K	R	L	N	A	K	I
N	D	H	I	R	N	W	J	S	X	A	O	X	D
D	A	L	I	L	I	Y	O	H	V	S	M	H	S
G	B	C	R	K	L	K	F	E	Z	A	G	A	C
B	A	V	J	U	L	E	N	Q	U	R	R	F	I
H	R	S	F	N	K	B	L	C	P	A	C	H	W
K	U	C	A	K	H	C	L	Y	A	L	W	A	R
E	N	L	T	R	Q	D	W	N	S	K	O	C	I
Z	A	K	A	R	A	U	Y	I	P	A	R	Z	C
L	E	A	G	U	E	O	Y	Q	B	L	I	L	G
W	A	S	A	N	N	I	B	Z	V	I	I	V	G
K	V	S	J	Y	P	K	U	N	G	I	Y	A	F

ZAKARA
KOCI
KARSHE
ALKALI
LEAGUE
LALAMAI
DALILI
YI
GUMI
WASANNI
DABARUN
KUNGIYA
GASAR
NASARA

100 - Vacation #2

Q	R	Z	K	Z	B	K	D	D	O	M	N	V	H
F	R	X	G	D	A	M	A	X	B	T	E	K	U
Z	B	U	O	L	B	N	V	P	A	S	A	C	J
O	P	R	Q	T	E	G	G	N	K	I	T	L	I
L	L	K	I	D	E	N	B	O	I	B	A	J	R
W	A	J	E	N	G	Q	B	P	N	I	K	H	G
M	T	A	N	T	I	D	Y	Y	T	R	S	T	I
Z	A	A	A	F	A	S	F	O	E	I	I	Z	N
N	S	S	K	K	F	A	M	D	K	N	V	K	S
D	W	H	O	L	Q	U	L	V	U	L	B	K	A
H	I	O	N	Y	Q	K	Q	D	I	C	W	A	M
N	R	W	E	H	A	I	N	B	R	N	N	T	A
T	A	F	I	Y	A	T	Q	P	I	M	D	R	H
T	G	B	G	L	C	V	R	P	P	A	A	D	K

JIRGIN SAMA
BAKIN TEKU
ZANGO
MASOYA
WAJEN
BABE
OTAL
TSIBIRIN
TAFIYA
DAMA
TASWIRA
FASFO
TEKU
TAKSI
TANTI
SAUKI
SHOW

1 - Food #1

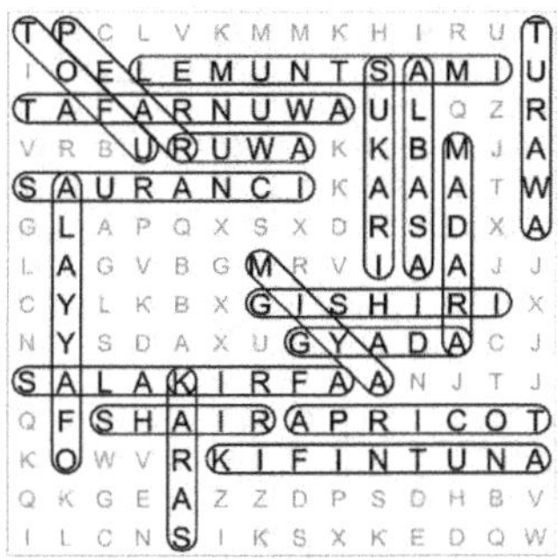

2 - Castles

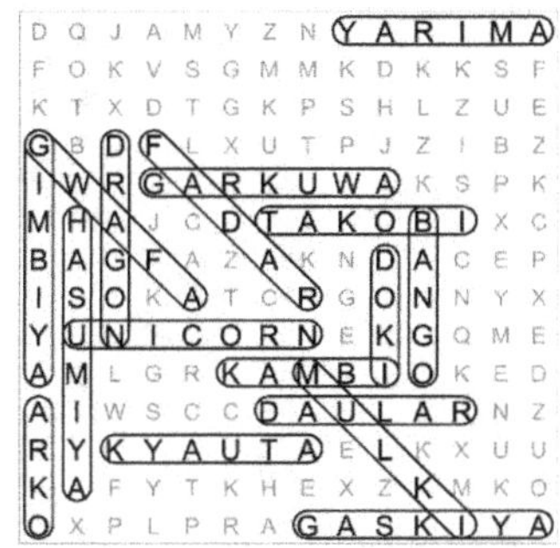

3 - Measurements

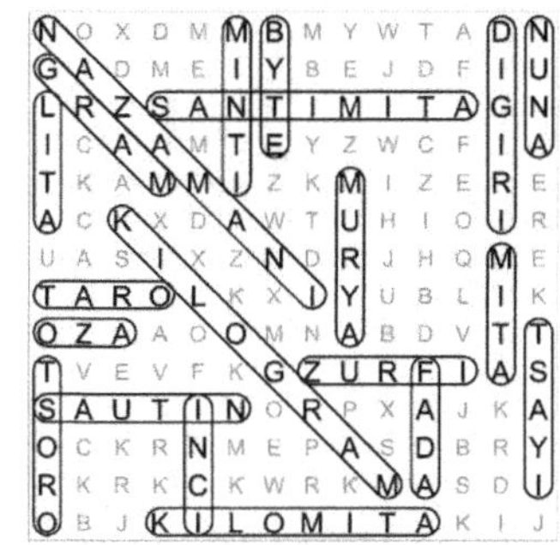

4 - Farm #2

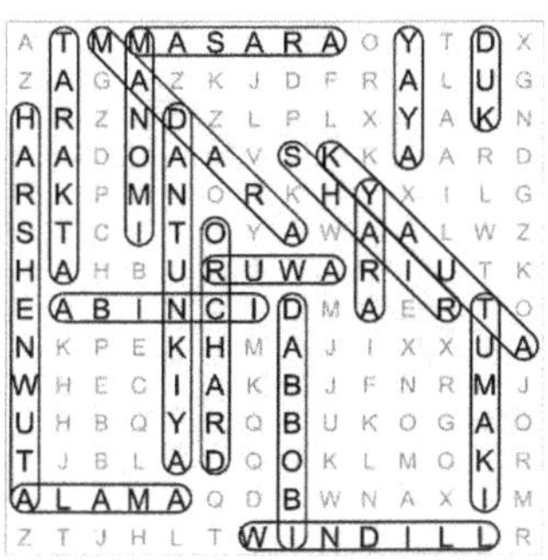

5 - Books

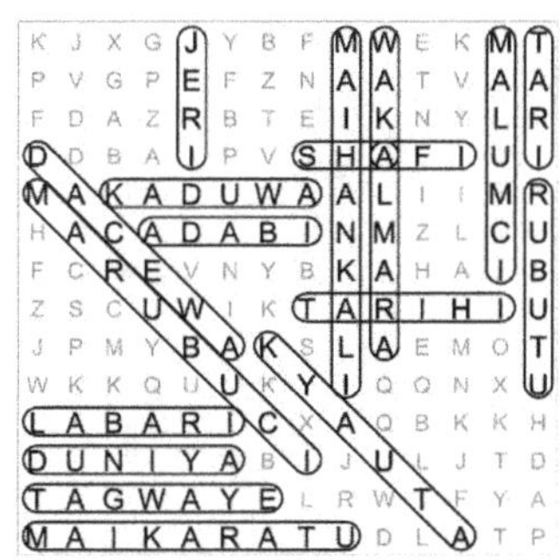

6 - Meditation

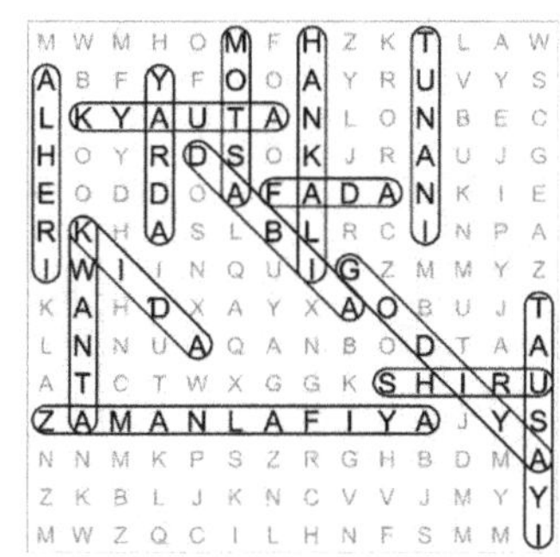

7 - Days and Months

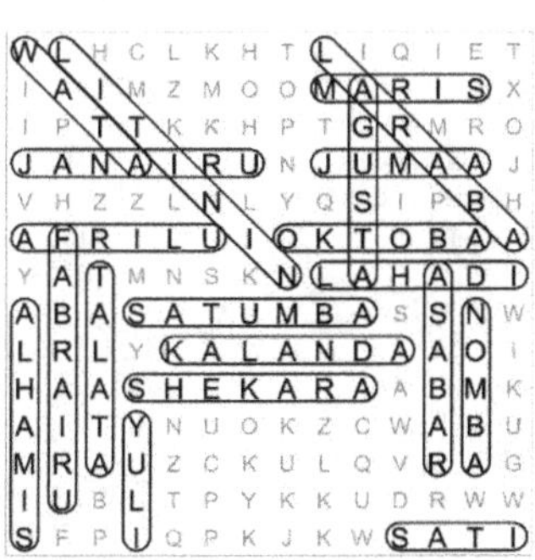

8 - Chess

9 - Food #2

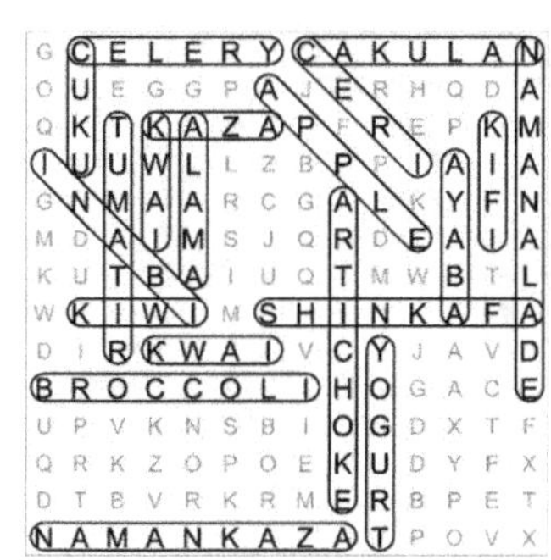

10 - Family

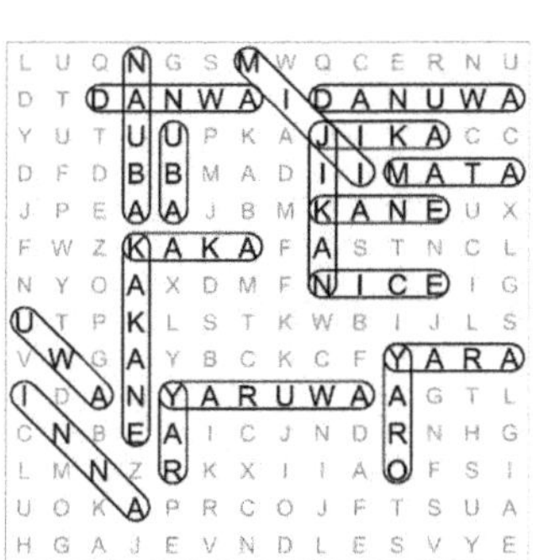

11 - Farm #1

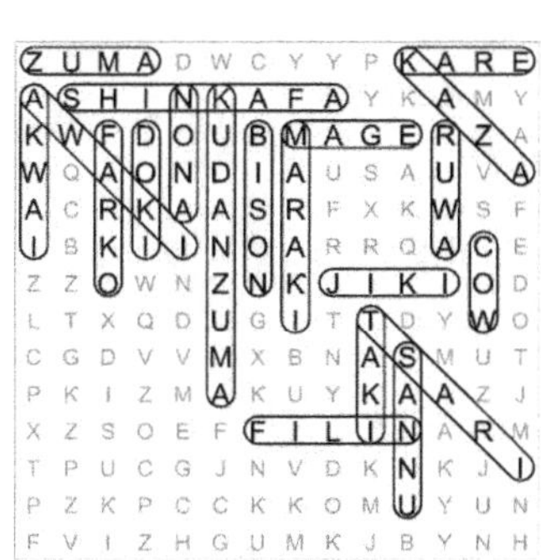

12 - Camping

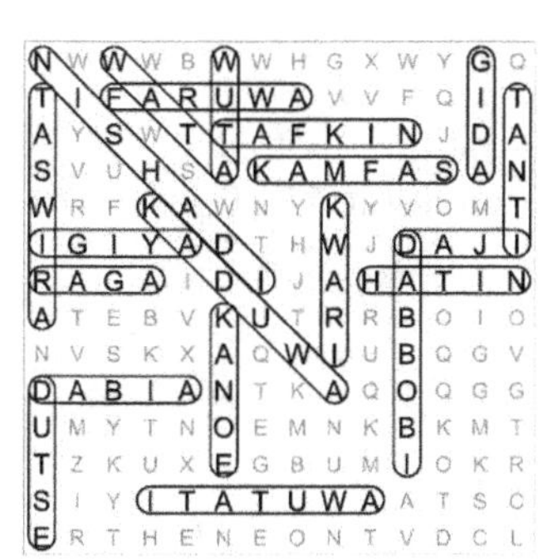

13 - Conservation

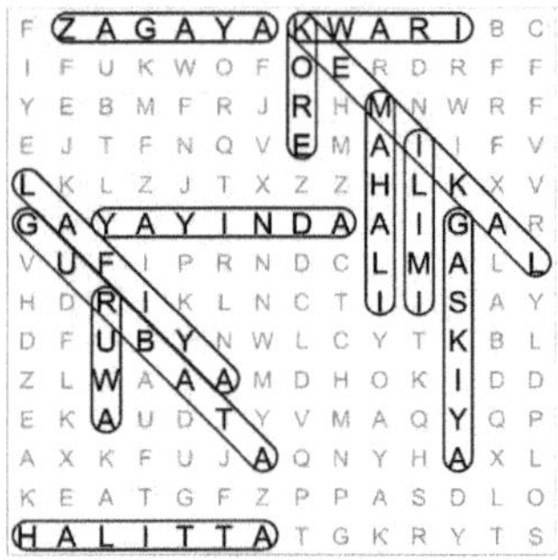

14 - Cats

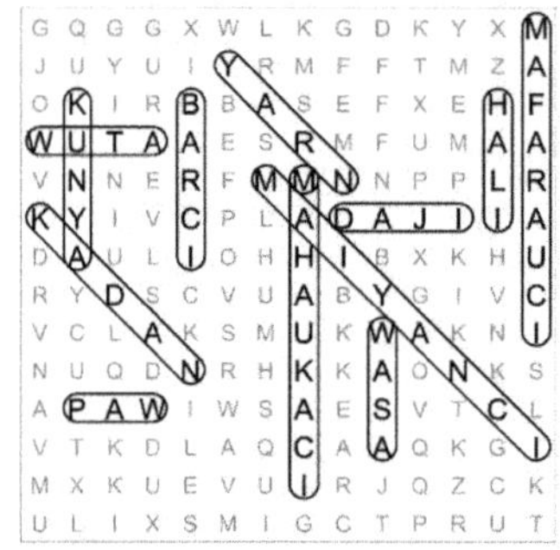

15 - Numbers

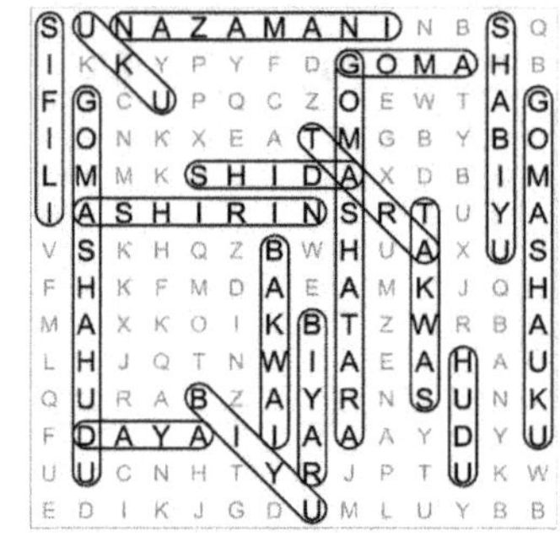

16 - Spices

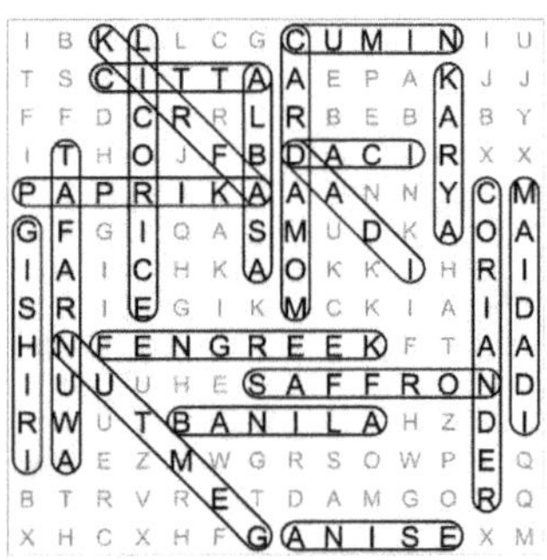

17 - Mammals

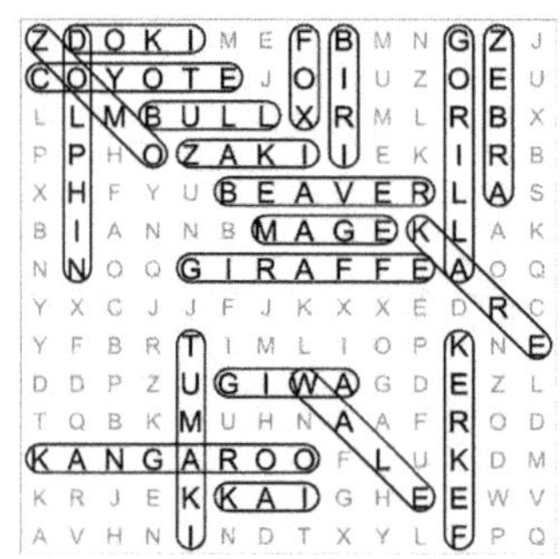

18 - Fishing

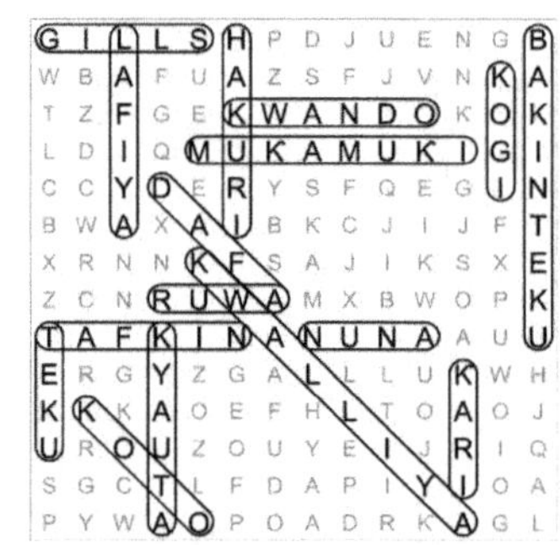

19 - Restaurant #1

20 - Bees

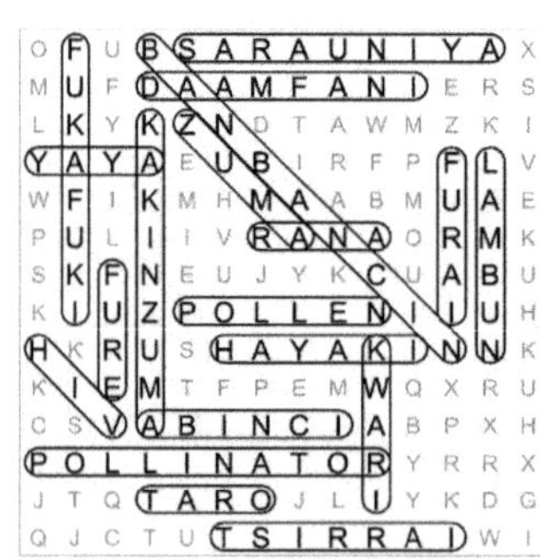

21 - Sports

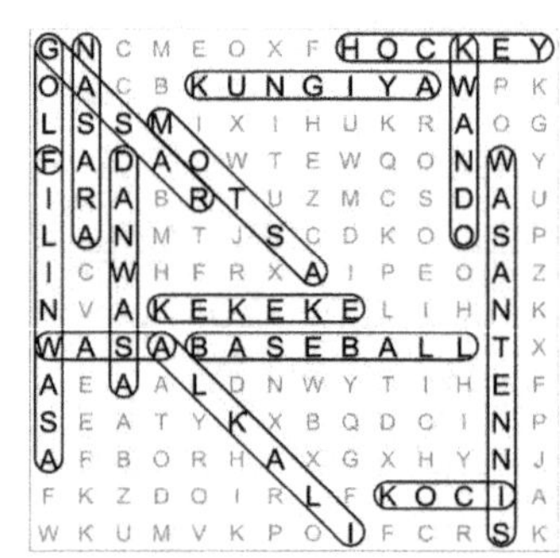

22 - Weather

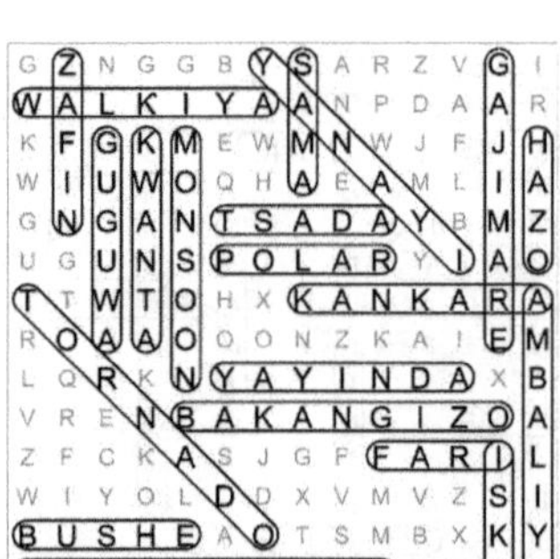

23 - Adventure

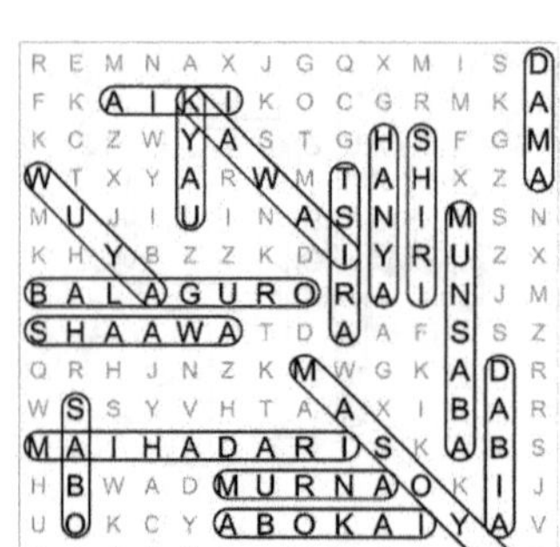

24 - Circus

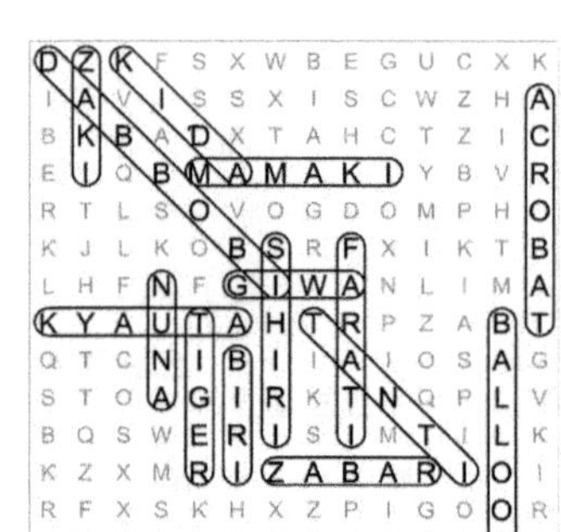

25 - Tools

26 - Restaurant #2

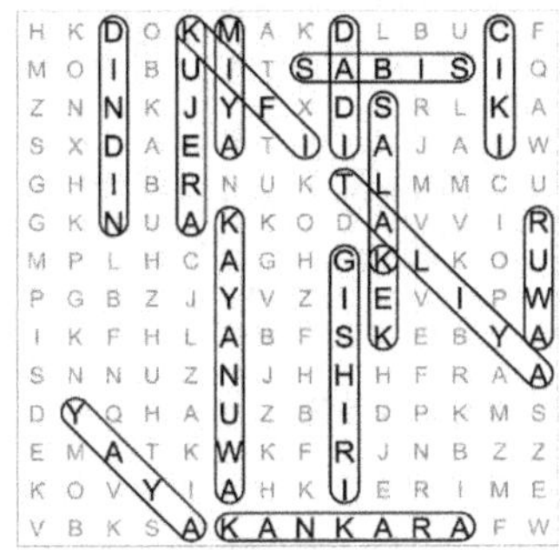

27 - Geology

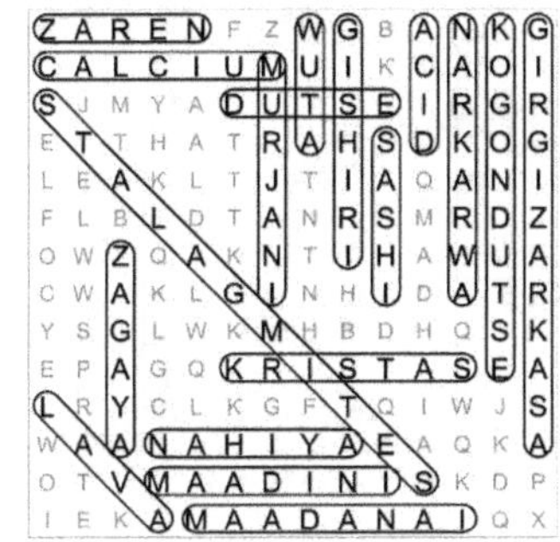

28 - House

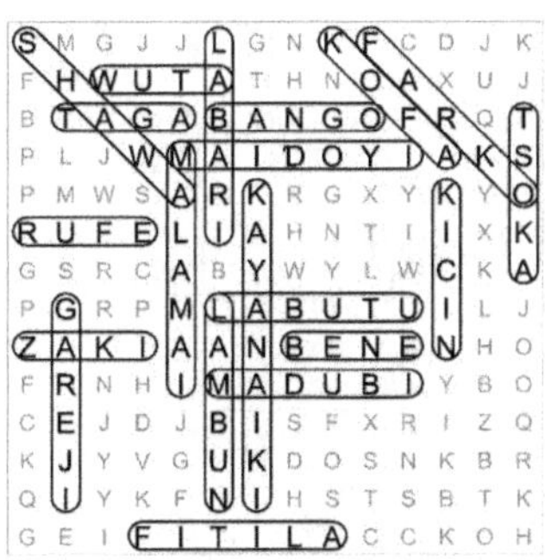

29 - Bathroom

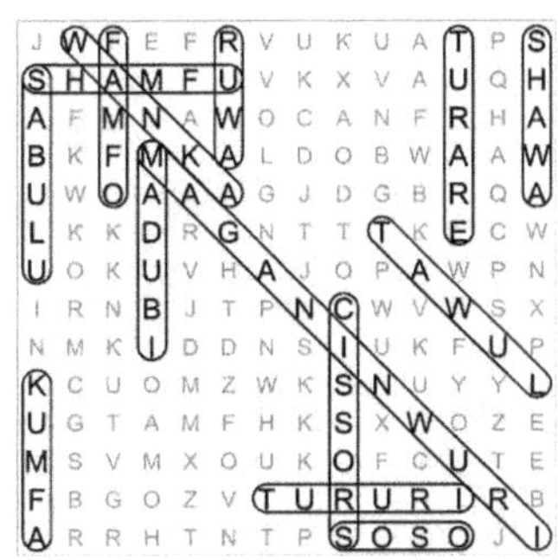

30 - School #1

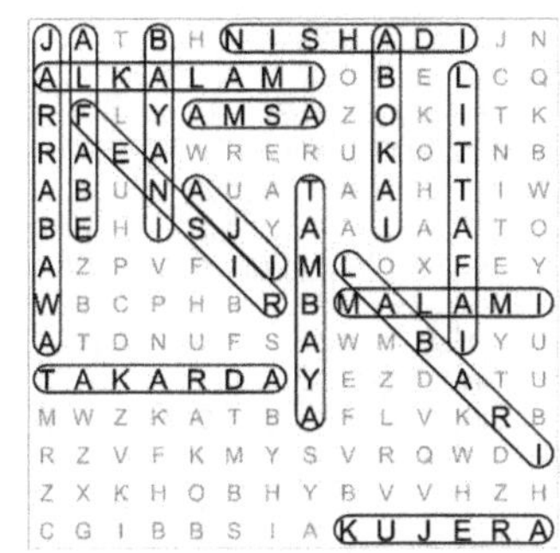

31 - Dance

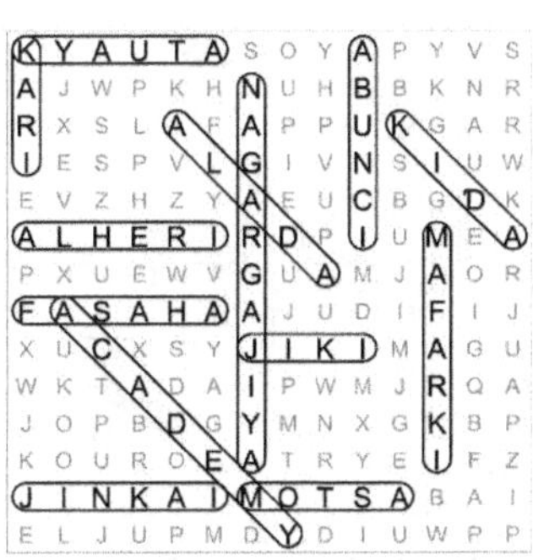

32 - Colors

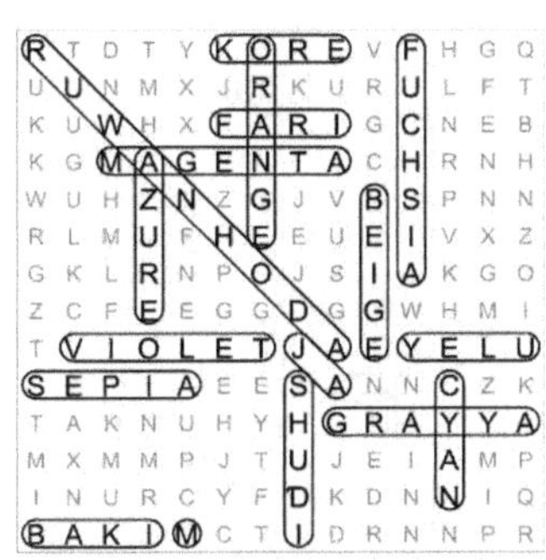

33 - Climbing

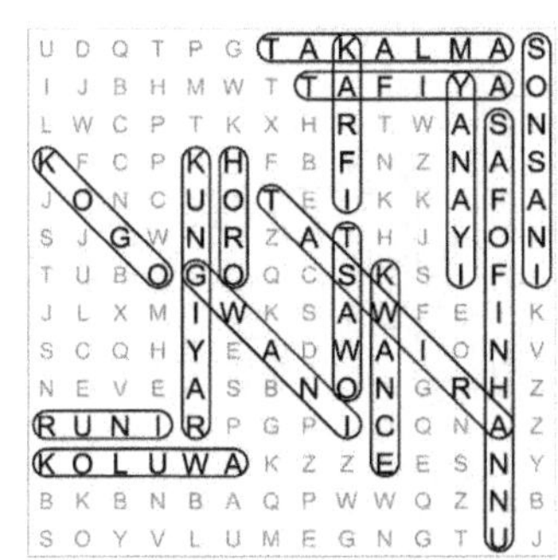

34 - Shapes

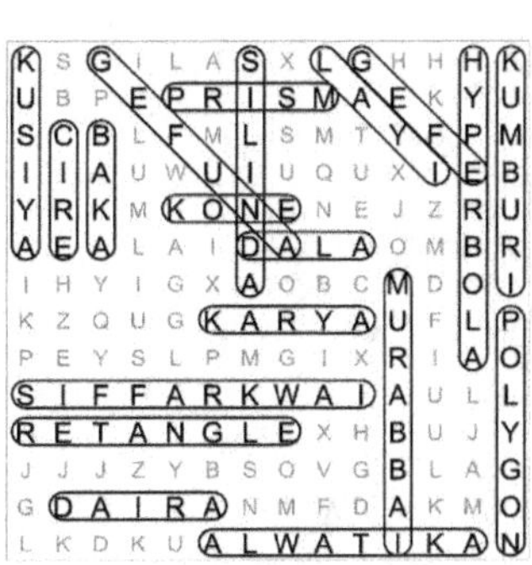

35 - Scientific Disciplines

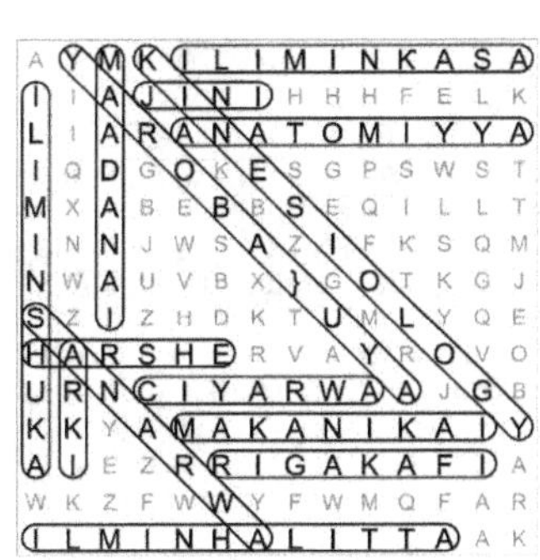

36 - School #2

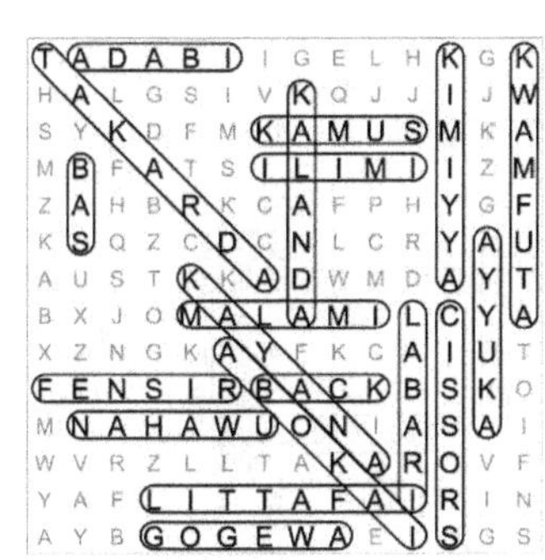

37 - Science

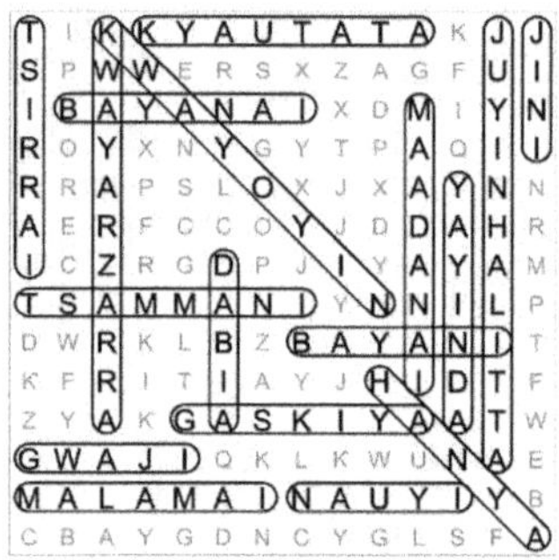

38 - To Fill

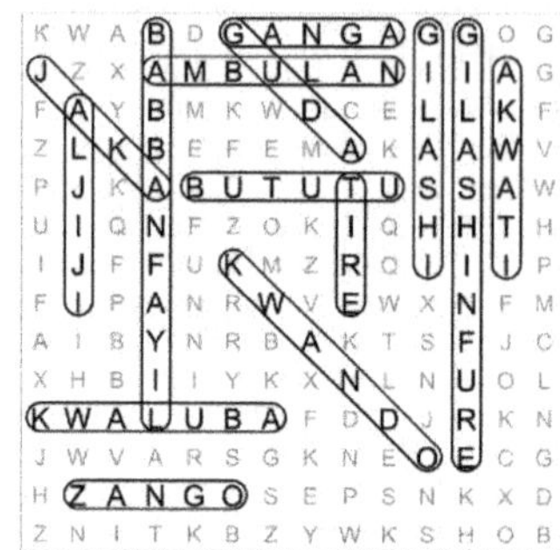

39 - Summer

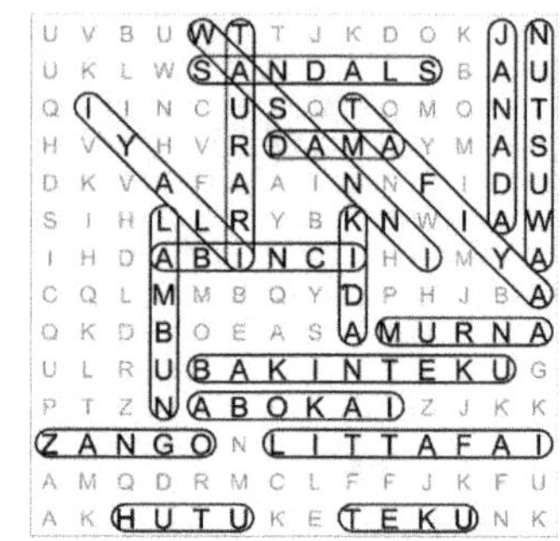

40 - Clothes

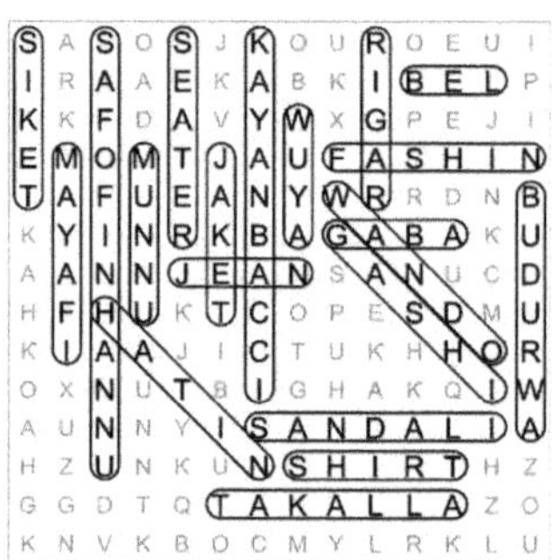

41 - Insects

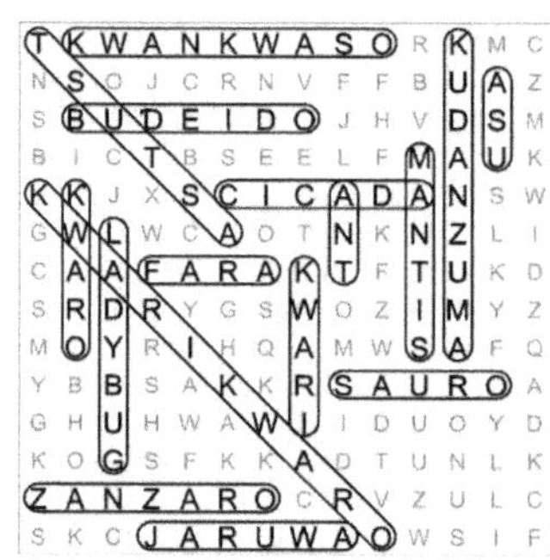

42 - Astronomy

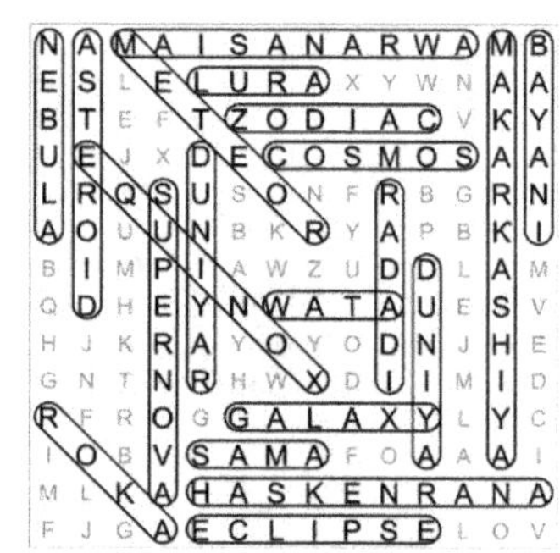

43 - Pirates

44 - Time

45 - Buildings

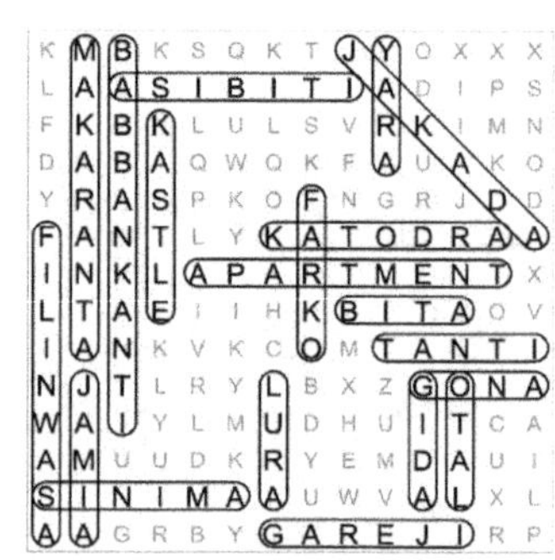

46 - Herbalism

47 - Toys

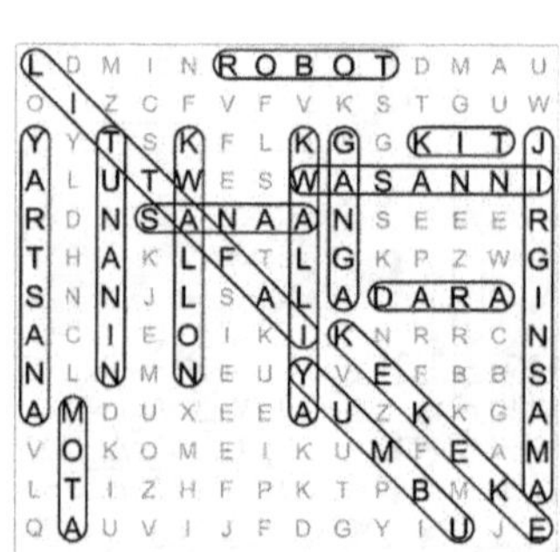

48 - Vehicles

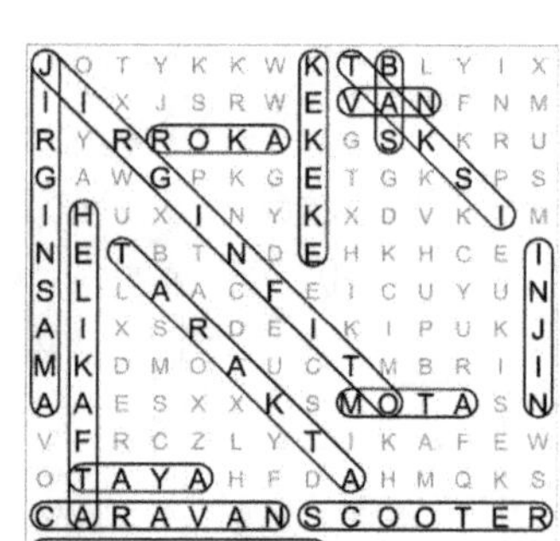

49 - Flowers

```
J A S M I N E G T R X Y I B
N Z N H T T D C I F L M J C
U A O I B L A M B U U O H U
I R U B A Z I Y O R G R P P
N H K I L N S A U E K C E L
S M K S N I Y Z Q N S H C U
Y J W C B F L J U R W I L M
H Z H U D R U Y E A F D O E
H Q D S X D O R T N L T V R
M A G N O L I A E A I U E I
K Z L G G Q P W T I L L R A
P P B E G C K V K H A I L F
R Z D M E K S N R P C P K M
Y Q H K F W S G X T G E G L
```

50 - Town

```
B G X P B K L F R J M F K G
H A H Y R A A A S I B I T I
S K N F W S B Y H R G L B C
Q I U K L I A P A G I I A W
M G P O I N R C G I D N B T
K A Q V C L I N O N A W B K
J K K V B I V P F S N A A A
S I S A N T D A U A B S N S
Y I G H R T R J L M U A K U
A D N K B A V K U A R Q A W
X M W I Z F N U W T O C N A
Z O O S M I O T A L D B T E
O K E D J A M I A V I X I A
Q V T G A L L E R Y B W V J
```

51 - Antarctica

```
I N T S U N T S A Y E M D L
B A L A G U R O B A Q A U P
S H M U H A L L I K K I T V
T I S L A N D N O A F B S R
Z Y D T B Q C H K N K I E U
K A U R A A N W D K K N D W
E L F O D M Y C N A U C G A
E S L I W P U G I R G I J E
P E N I N S U L A A K K D O
K Y A U T A G L A C I E R S
A K M N Z R T J C O Y P W H
V D G Y R U N N W V A F K Q
K I M I Y Y A P M E Y V G O
U E C Y P R J L B F E Y T X
```

52 - Ballet

```
I N Q V N K F A K Y J A M K
K R G K I D A A L T K K D E
M A F A R K I A X P B R F D
F W D T S O R O B A S I R A
Y A S U A D K K Y A U T A B
K K S P N M A J N P P T G A
Z H D A K A R I U K S Q H R
J E Q G H W I L M C M A N A
Z Q C M Q A M J E O N N L F
Z R X C H K C O X R A R F O
K S K K T I I S K K R I T D
A Q Z O O B N Q U N P S W O
K G F F W M U J T N B F N Z
O S M E R F V K A R Y A K C
```

53 - Human Body

```
R K W A L L I Y A W K W E E
M A C H A N N U Q G V U P C
Z F I G K H E E N R F T M W
K A N G I N D I M K B A K I
A U W H M A U K M M A X J H
F W N X Y C V D Z U C I Y A
A U I N G M W F N K Y C Y N
D A S W E K U T G A A P W C
A V E K L Q Y Z U M T A M I
M H Z F A T A F G U S I K H
M K K L Z Z Y N W K A K U F
O T X N J J I N I I X S M K
K K K A S H I Y W H T F E K
E B T J G B Z A A L R K B H
```

54 - Musical Instruments

```
Z I S N M E H C K T H M H H
C K A A V D O F K S T A C Y
K V R U X B A N J O L N W P
H T E R D O C C I R H D M Q
L M W A V K P E O O I O Q D
W G A R A Y A H L E N L D D
J O G K Q K K V O L L I Z C
F N O I G A N G A N O N U X
I G L D U L Q G F X E D A S
Y X N A I G T S O R O N G U
A S K D T A F A R U W A C E
N M O T A I V V I O L I N B
O B O E R T K A K A K I P S
D E Q J M A R I M B A D K P
```

55 - Cooking Tools

```
T F G Y Q C M T M A P O C F
V A U N L O A A V W X F T K
C J U H I L F N E O F A D L
A T H R D A I A Q L V T G Q
Y Q H T A N G R M Y O O T Z
K B E V D D I G D Q X F I S
U W U K A E R R N S G N X P
F Y U T Y R M X O P H N G Y
U B A K A Y A N Y A N K A U
C I S S O R S S S T C I K I
E M E K L G P J E U P K H G
F I R I J I S O N L B Y E U
C K C H P A B J F A Z A Z V
I W X R C G M U D D P B Q Q
```

56 - Fruit

```
N P E A R U K I N A B I Y R
L E K Y G R W Z U U I H L I
E A C E R I A P P L E M Q V
M C M T W J K I W I B Q K T
U H A E A H W K X N A F G W
N Y N K B R A B A R B A I U
T Q G U N A I D C Z N G R G
S I O A S B K N E L B W V U
A K R W P W U R E A Y A B A
M O O W E R C S R U U N Z W
I Z C L F B I L B S Z D B A
R A S B E R I C F V V A B G
K Q K W O V E Q O Q T N C U
L M E X N A U I N T U F F A
```

57 - Virtues #1

```
I F K S D S U T A R P U V T
N N O A L X X F U Q F H O A
H S G W V M A I H A K U R I
P J W A M A F I Y A M K K M
M M I Z N U V K J F A U F A
A O L V D C U E D G I N A K
I K G Z U M I V M R K C S O
Y E Y T S A F T A A Y I A A
A T M A I G I R M A A L H N
N P S H U U Q X I Y U L A X
C U V I M H L B N B G D K G
I Y C T B T J D C R Y V W P
M U M O Y M C U I S M C B U
F E E U H C I E Q H H A P M
```

58 - Kitchen

```
K C X A T W K O Y T O Z S W
J U G A B A U F I R I J I K
C O K A L I S K N C W V M W
G I R K I J K Y A N M C Q A
G I L A S H I A B F T N B N
F I A P O S T U I V X J T O
F L Y G S B J T N K F A Q W
I K P R O B D A C O E S K I
K O K V I G K W I F I C Y V
C U K P F Q P K R U F H E U
E K D F X P R L T N E W Y E
B Z G T A P N G Z A G A S A
I T T S A E W A D F N T B T
B U T A M T S U M M A A Z W
```

59 - Art Supplies

```
T A K A R D A M R U H I K R
S E T U L N X K A M A R A U
Z X B F G Y N E Z N U Q E W
T O Y U M B U R U K N U U A
P I F S R A M A A G Q E R K
Y A F K G C O W A D N Z L D
P R T A W A D A K U J E R A
Z V W N D C G A K J C M A R
G O G E F R L L K K V A A V
L O S V Z Y L L V M G I Y J
H G G D B L K K V S W I O S
O K R E Y I L J O W Y J Y M
O K K F W C D Q Z J O G I A
Y G F O K A S E X S U X R F
```

60 - Science Fiction

```
X U T K W K D A P K A A Y A
V T P N U E S L K N H T H K
L N B V T M G I C I D O F G
D A M A A I A T R V U M A A
I F K P N K L T D R N I S B
S I N I M A A A U R I C A A
T O P I A L X F N D Y P H T
O T U T Z Z Y A I C A J A A
P O R A C L E I Y X R V R R
I D T K C U L I A F A Z A W
A J P E Y F Z H A S S A D A
B J K K D M E M K O I W X Z
X Y V M G P K G M V H R S V
X M V K D H U Z K M A Y S R
```

61 - Airplanes

62 - Ocean

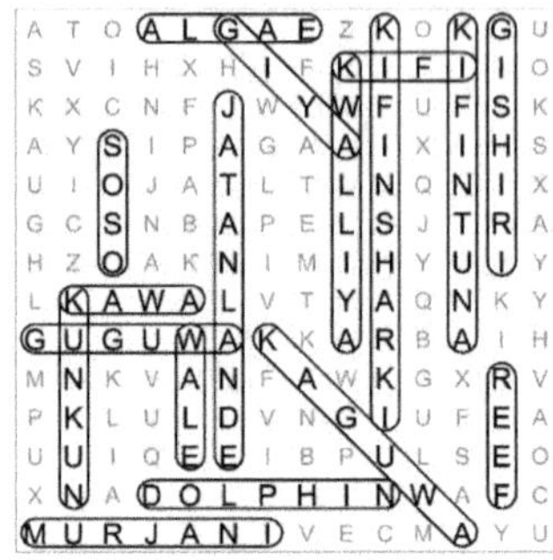

63 - Birds

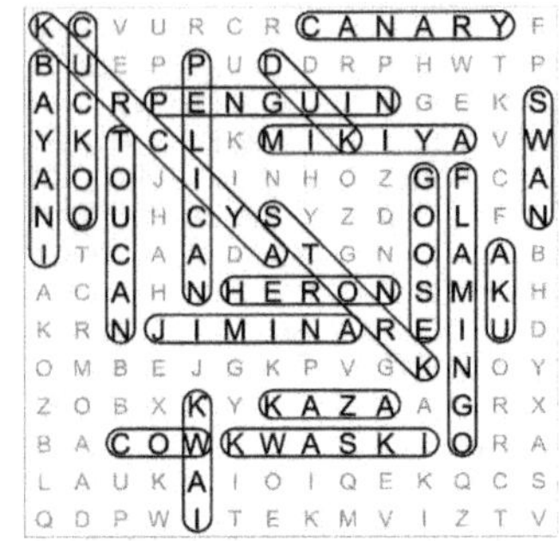

64 - Autumn

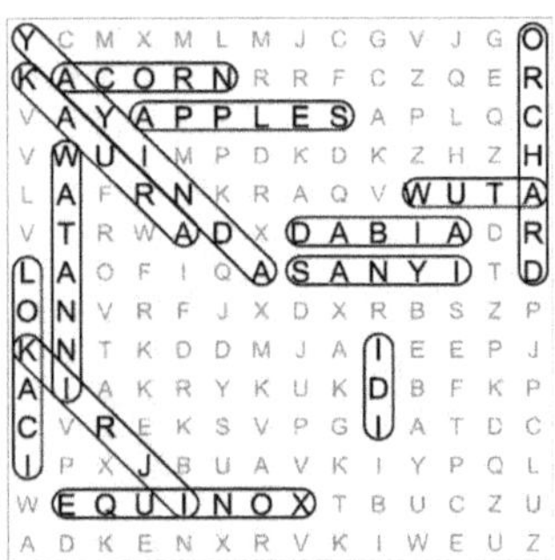

65 - Nutrition

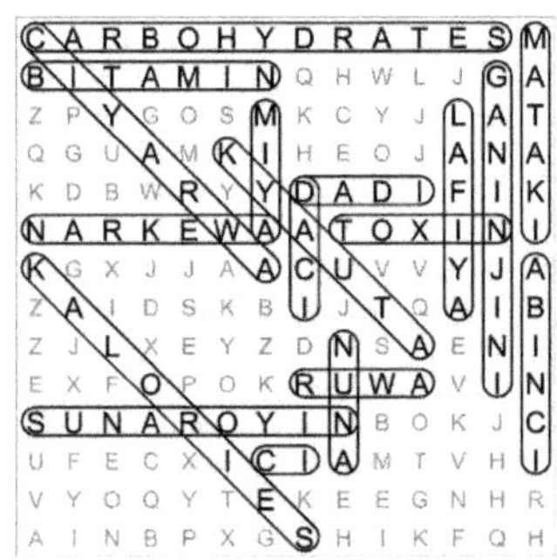

66 - Hiking

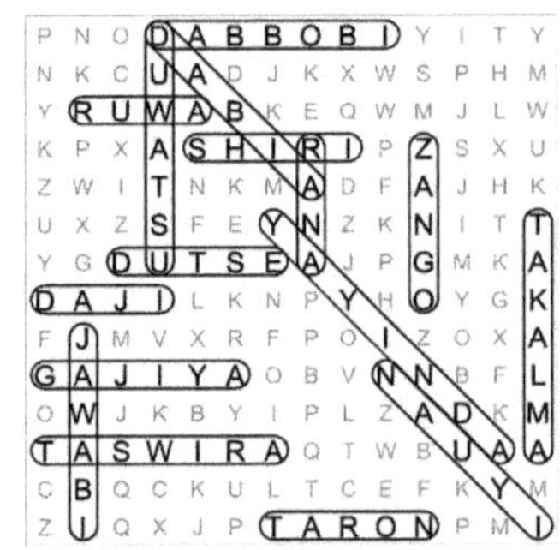

67 - Professions #1

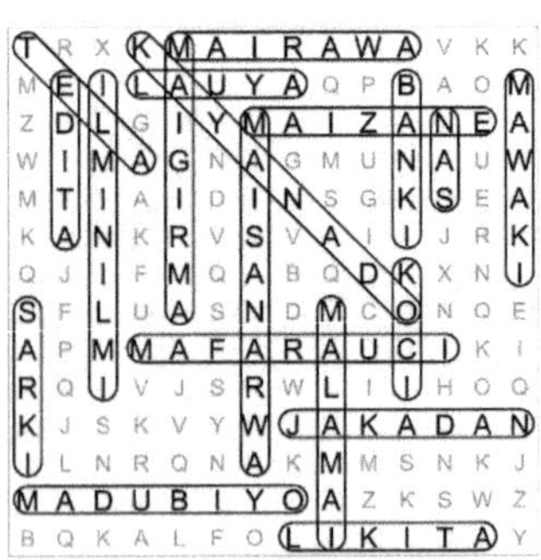

68 - Dinosaurs

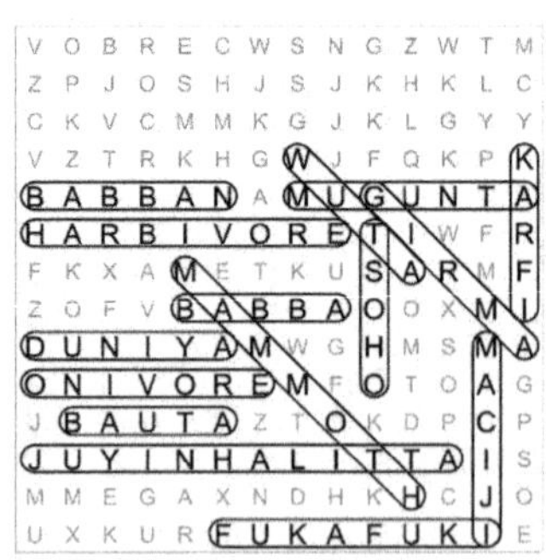

69 - Barbecues

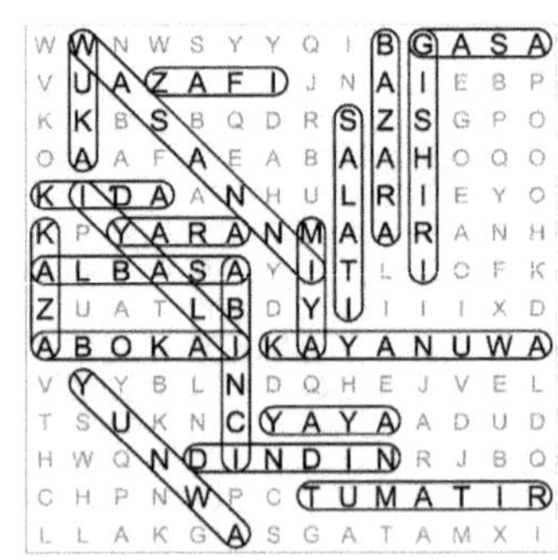

70 - Surfing

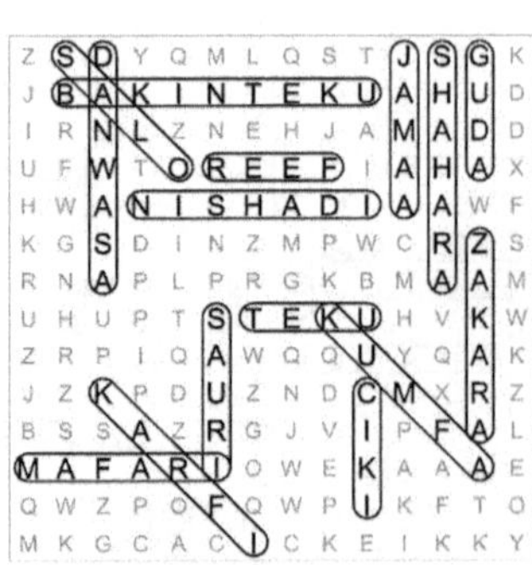

71 - Chocolate

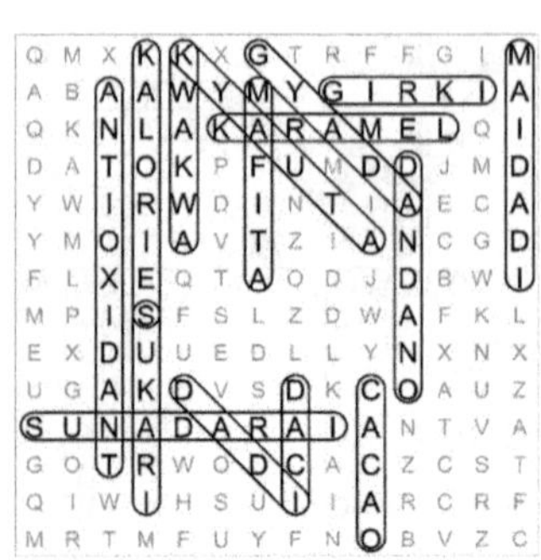

72 - Vegetables

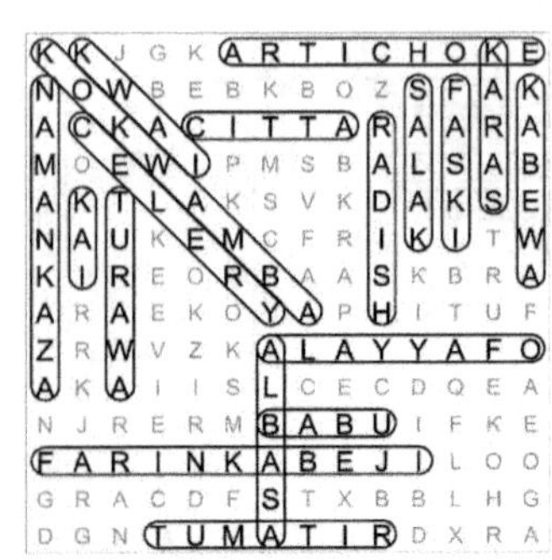

73 - Boats

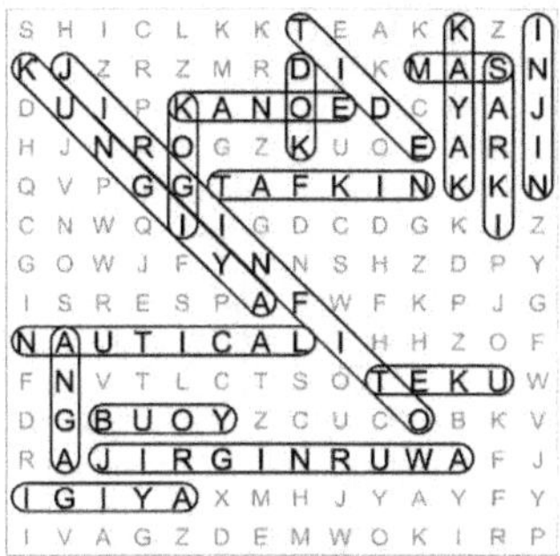

74 - Activities and Leisure

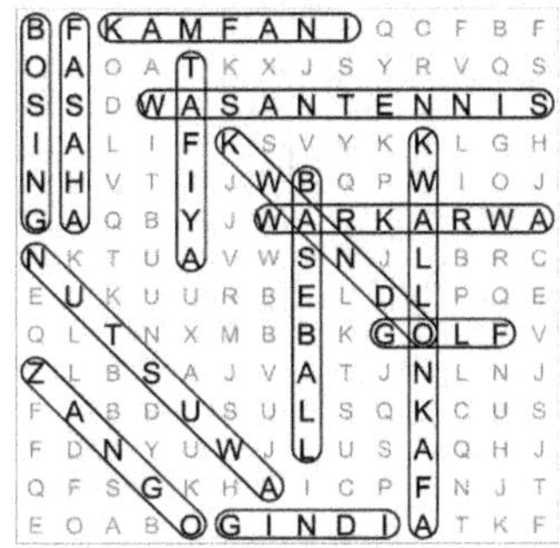

75 - Driving

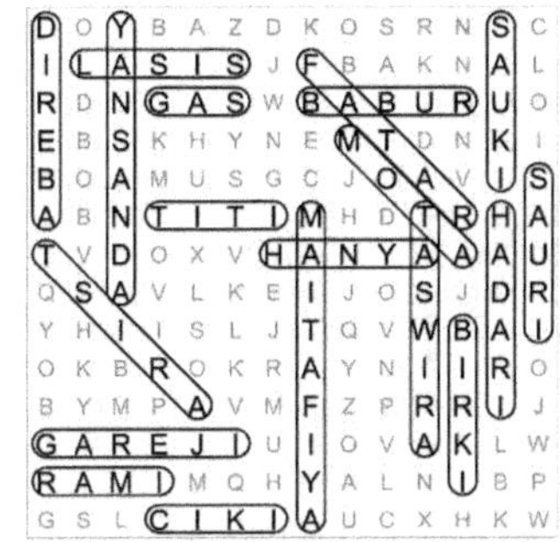

76 - Professions #2

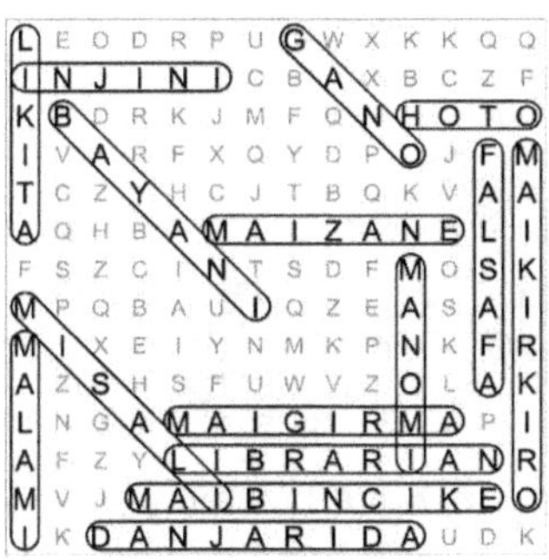

77 - Emotions

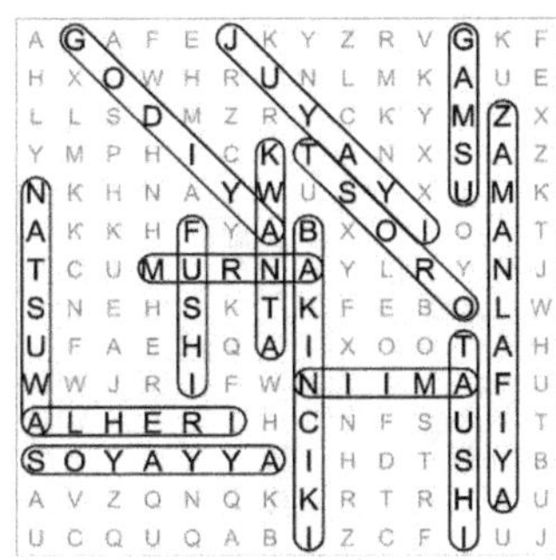

78 - Mythology

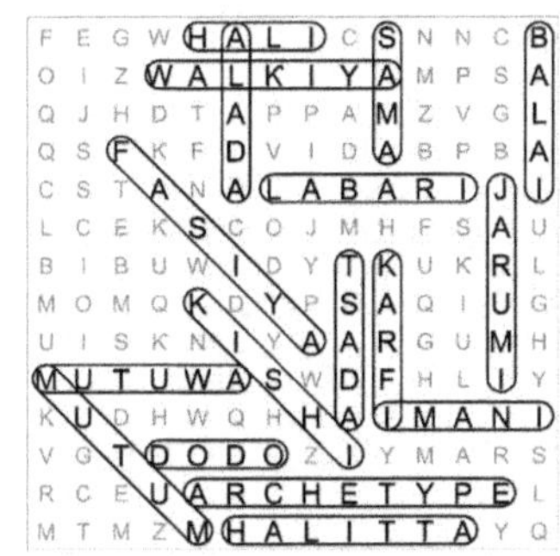

79 - Hair Types

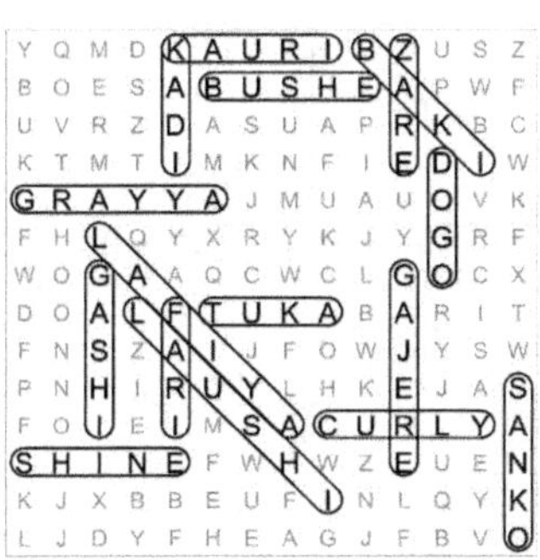

80 - Garden

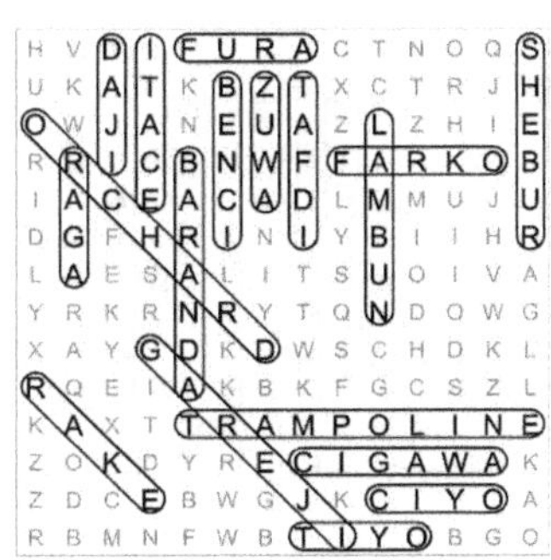

81 - Birthday

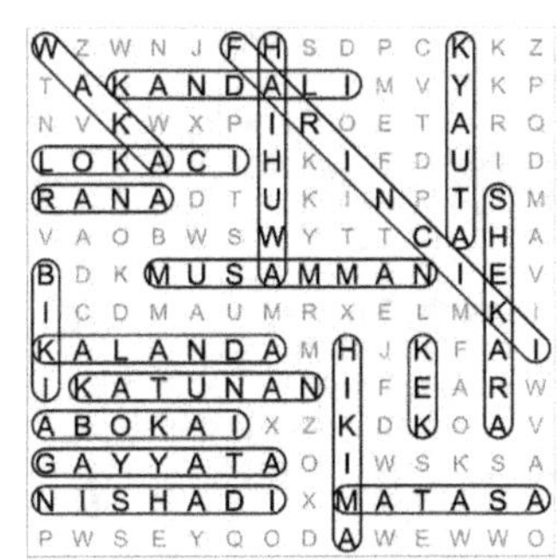

82 - Beach

83 - Adjectives #1

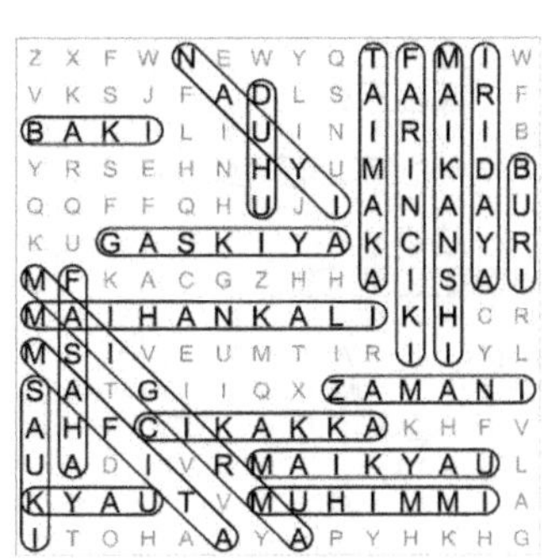

84 - Rainforest

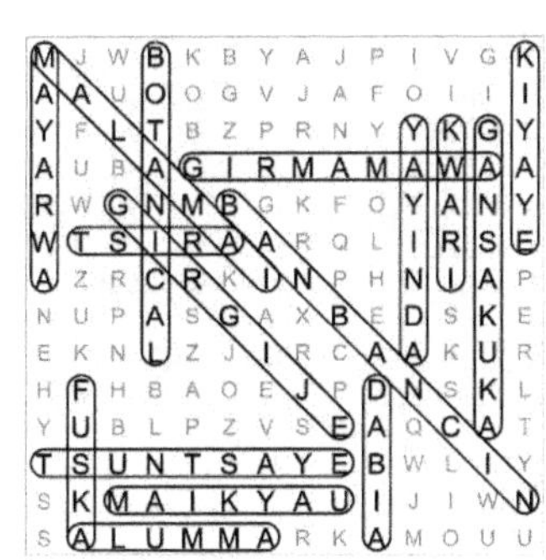

85 - Technology

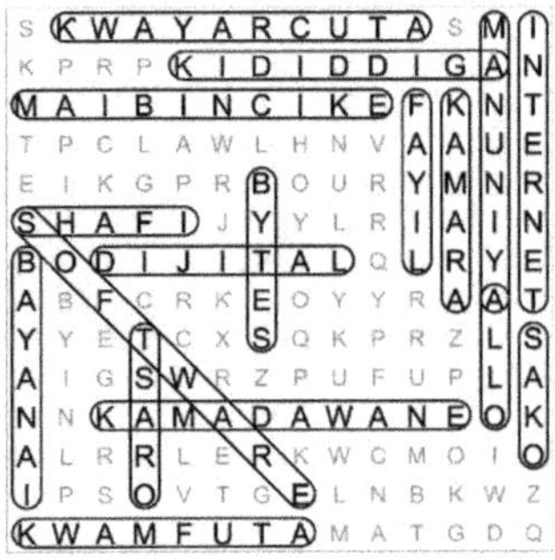

86 - Landscapes

87 - Visual Arts

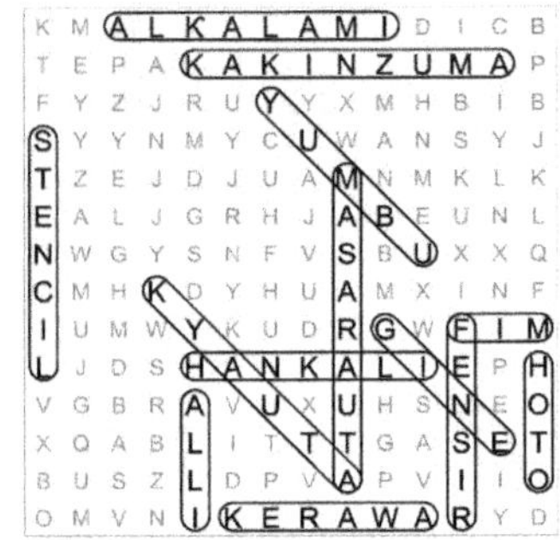

88 - Plants

89 - Countries #2

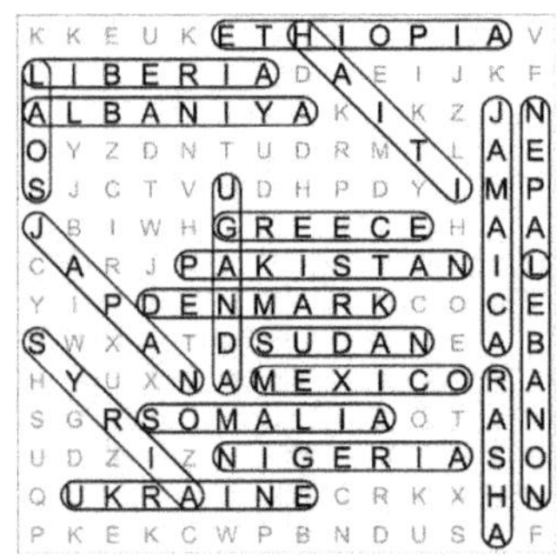

90 - Ecology

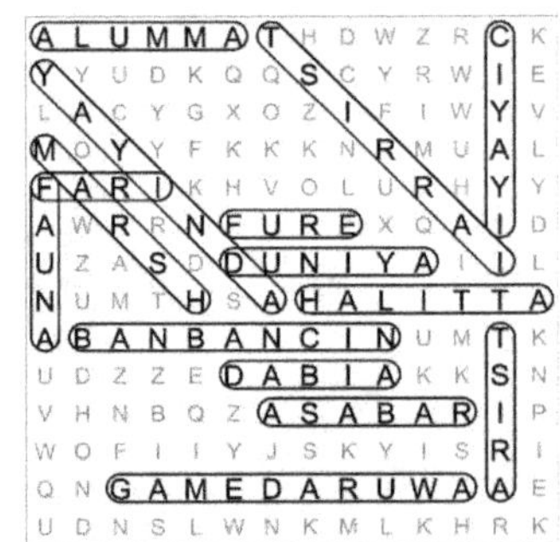

91 - Adjectives #2

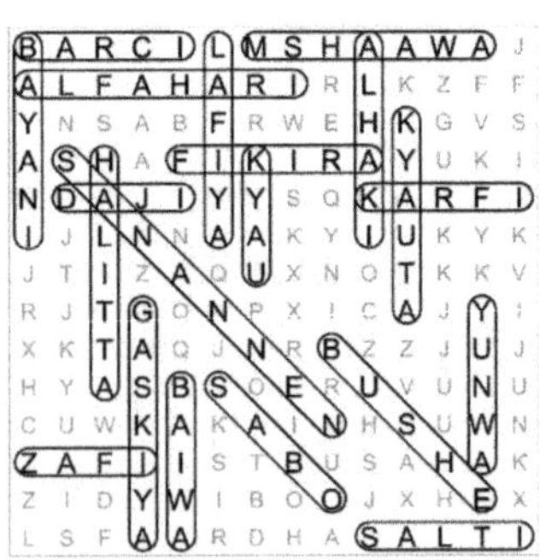

92 - Math

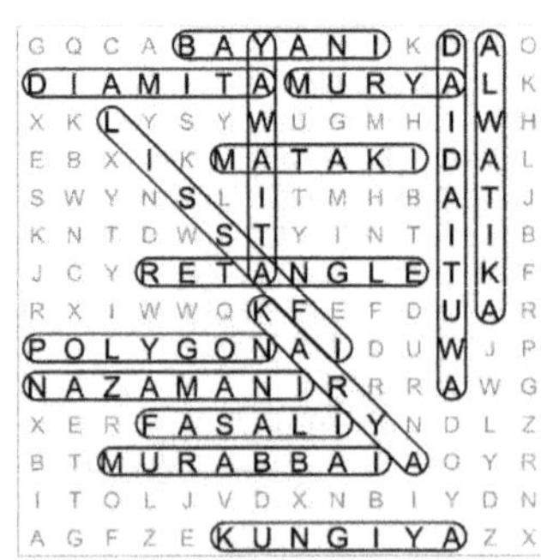

93 - Water

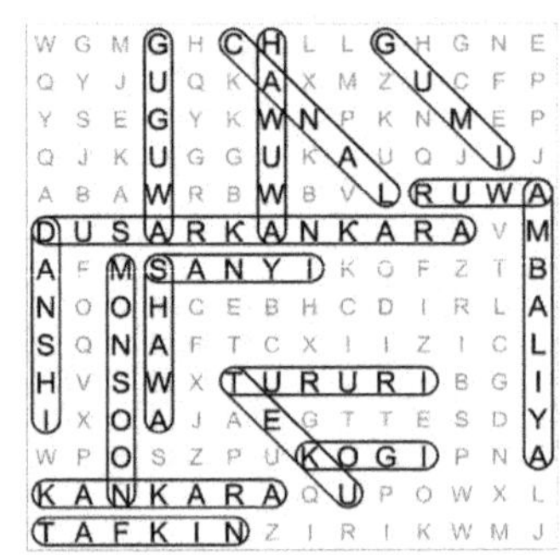

94 - Activities

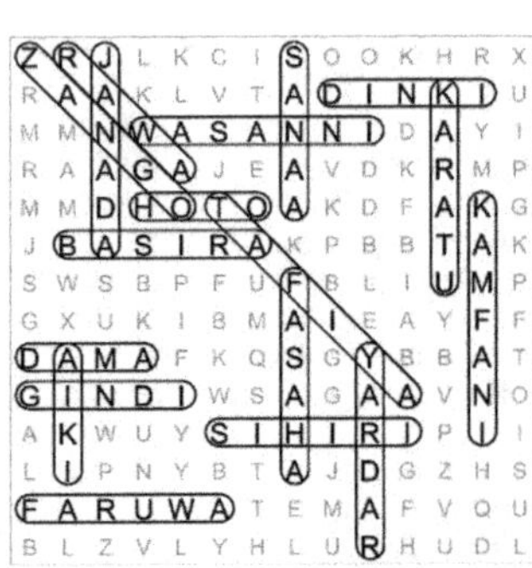

95 - Literature

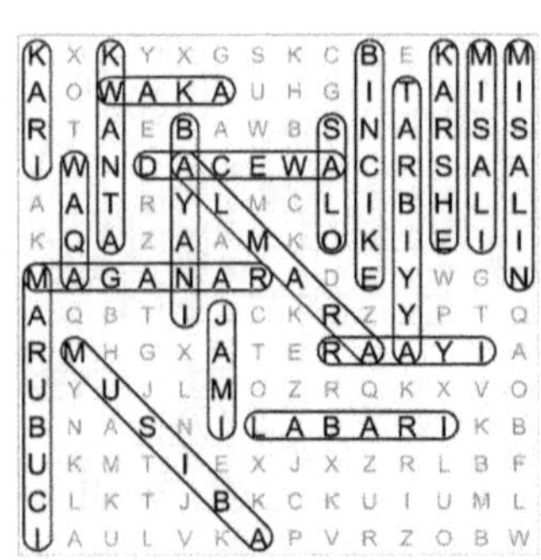

96 - Geography

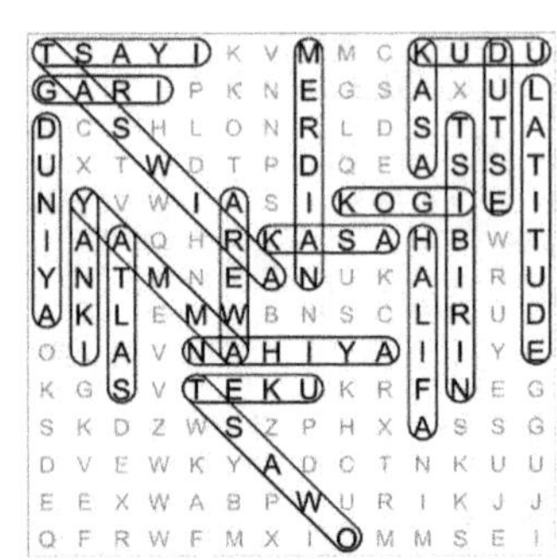

97 - Pets

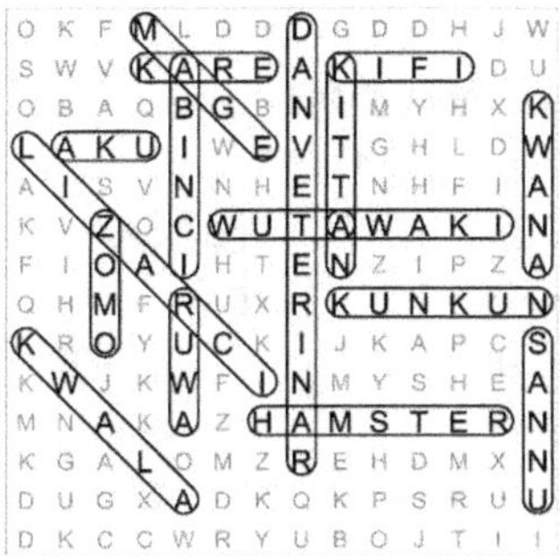

98 - Nature

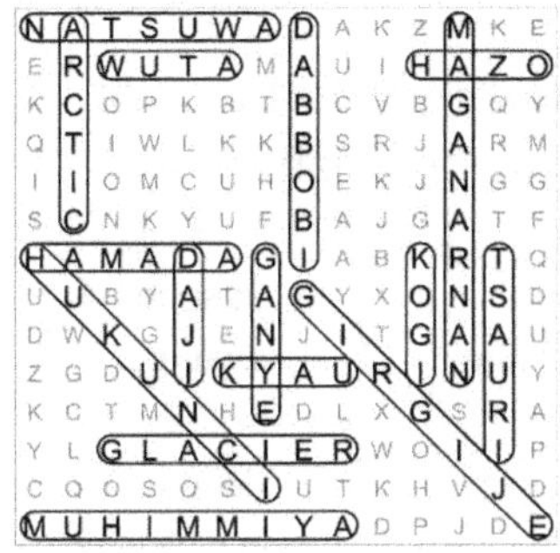

99 - Championship

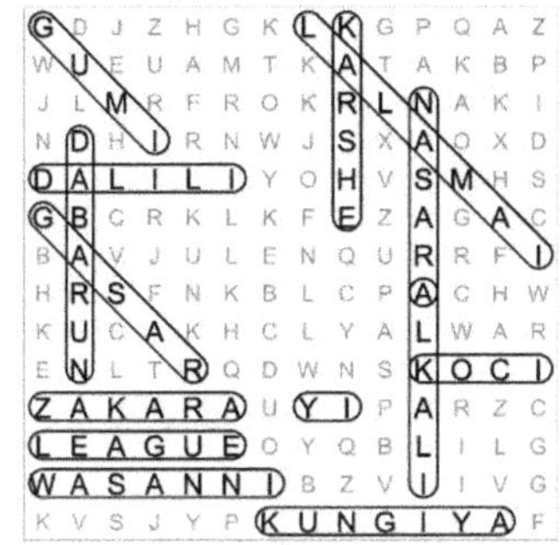

100 - Vacation #2

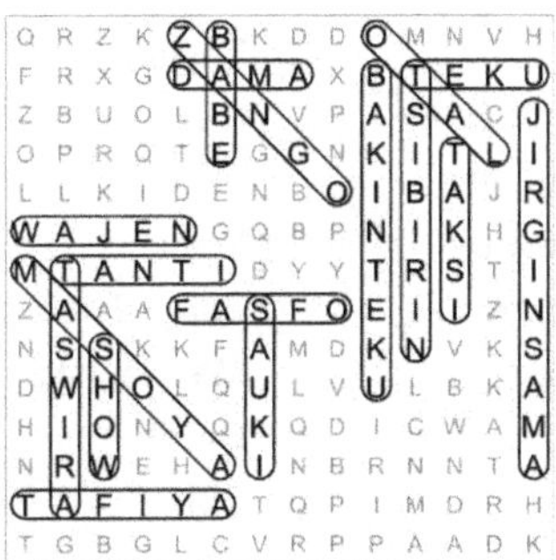

Dictionary

Activities
Ayyuka

Activity	Aiki
Art	Fasaha
Camping	Zango
Crafts	Sana'A
Dancing	Rawa
Fishing	Kamfani
Games	Wasanni
Gardening	Gindi
Hiking	Tafiya
Hunting	Faruwa
Leisure	Dama
Magic	Sihiri
Photography	Hoto
Pleasure	Yardar
Reading	Karatu
Relaxation	Janada
Sewing	Dinki
Skill	Basira

Activities and Leisure
Ayyuka da Nishaɗi

Art	Fasaha
Baseball	Baseball
Basketball	Kwando
Boxing	Bosing
Camping	Zango
Diving	Nutsuwa
Fishing	Kamfani
Gardening	Gindi
Golf	Golf
Relaxing	Warkarwa
Soccer	Kwallon Kafa
Tennis	Wasan Tennis
Travel	Tafiya

Adjectives #1
Alamomi #1

Absolute	Cikakka
Ambitious	Buri
Aromatic	Mai Kanshi
Artistic	Fasaha
Attractive	Kyakkyawa
Beautiful	Kyau
Dark	Duhu
Exotic	Mafita
Generous	Mai Girma
Happy	Farin Ciki
Heavy	Nauyi
Helpful	Taimaka
Honest	Gaskiya
Identical	Iri Daya
Important	Muhimmi
Modern	Zamani
Serious	Mai Hankali
Slow	Sauki
Thin	Baki
Valuable	Mai Kyau

Adjectives #2
Alamomi #2

Authentic	Gaskiya
Creative	Fikira
Descriptive	Bayani
Dry	Bushe
Elegant	Kyau
Famous	Sanannen
Gifted	Baiwa
Healthy	Lafiya
Hot	Zafi
Hungry	Yunwa
Interesting	M Sha'Awa
Natural	Halitta
New	Sabo
Productive	Kyauta
Proud	Alfahari
Responsible	Alhaki
Salty	Salti
Sleepy	Barci
Strong	Karfi
Wild	Daji

Adventure
Kasada

Activity	Aiki
Beauty	Kyau
Chance	Dama
Dangerous	Mai Hadari
Destination	Masoya
Difficulty	Wuya
Enthusiasm	Sha'Awa
Excursion	Balaguro
Friends	Abokai
Itinerary	Hanya
Joy	Murna
Nature	Dabi'A
Navigation	Kawai
New	Sabo
Preparation	Shiri
Safety	Tsira
Unusual	Mun Saba

Airplanes
Jiragen Sama

Adventure	Kaduwa
Air	Iska
Altitude	Tsawo
Atmosphere	Yanayi
Balloon	Balan-Balan
Construction	Gini
Crew	Kungiya
Descent	Zuciya
Design	Zane
Direction	Darasi
Engine	Injin
Fuel	Fatar
Height	Tsayi
History	Tarihi
Hydrogen	Hidrogen
Landing	Saukowa
Passenger	Fasiri
Sky	Sama
Turbulence	Haukan Kogi

Antarctica

Antarctica

Bay	Bay
Birds	Tsuntsaye
Clouds	Girgije
Conservation	Kiyaye
Continent	Nahiya
Cove	Cove
Environment	Muhalli
Expedition	Balaguro
Geography	Gaskiyar Kasa
Glaciers	Glaciers
Ice	Kankara
Islands	Island
Migration	Kaura
Peninsula	Peninsula
Researcher	Mai Bincike
Rocky	Dutse
Scientific	Kimiyya
Temperature	Zafin
Topography	Kyauta
Water	Ruwa

Art Supplies

Kayayyakin Fasaha

Acrylic	Acrylic
Brushes	Goge
Camera	Kamara
Chair	Kujera
Clay	Yumbu
Creativity	Kerawa
Eraser	Gogewa
Glue	Manne
Ideas	Ra'Ayoyi
Ink	Tawada
Oil	Mai
Paper	Takarda
Pencils	Fuska
Table	Tebur
Water	Ruwa

Astronomy

Ilimin Taurari

Asteroid	Asteroid
Astronaut	Bayani
Astronomer	Mai Sanarwa
Constellation	Makarkashiya
Cosmos	Cosmos
Earth	Duniya
Eclipse	Eclipse
Equinox	Equinox
Galaxy	Galaxy
Meteor	Meteor
Moon	Wata
Nebula	Nebula
Observatory	Lura
Planet	Duniyar
Radiation	Radadi
Rocket	Roka
Sky	Sama
Solar	Hasken Rana
Supernova	Supernova
Zodiac	Zodiac

Autumn

Kaka

Acorn	Acorn
Apples	Apples
Chestnuts	Kirji
Climate	Yayinda
Equinox	Equinox
Festival	Idi
Fires	Wuta
Frost	Sanyi
Migration	Kaura
Months	Watanni
Nature	Dabi'A
Orchard	Orchard
Seasonal	Lokaci

Ballet

Ballet

Artistic	Fasaha
Choreography	Kyauta
Composer	Mawaki
Dancers	Rawa
Expressive	Mafarki
Gesture	Karimcin
Intensity	Karya
Muscles	Tsoro
Music	Kiɗa
Orchestra	Kaduna
Rhythm	Kari
Skill	Basira
Style	Salo
Technique	Dabara

Barbecues

Barbecues

Chicken	Kaza
Children	Yara
Dinner	Din Din
Family	Iyali
Food	Abinci
Friends	Abokai
Fruit	'Ya'Ya
Games	Wasanni
Grill	Gasa
Hot	Zafi
Hunger	Yunwa
Knives	Wuka
Music	Kiɗa
Onions	Albasa
Salads	Salati
Salt	Gishiri
Sauce	Miya
Summer	Bazara
Tomatoes	Tumatir
Vegetables	Kayan Uwa

Bathroom
Gidan Wanka

Bath	Wanka
Bubbles	Kumfa
Faucet	Famfo
Lotion	Maganin Wuri
Mirror	Madubi
Perfume	Turare
Scissors	Cissors
Shampoo	Shamfu
Shower	Shawa
Soap	Sabulu
Sponge	Soso
Steam	Tururi
Towel	Tawul
Water	Ruwa

Beach
Bakin Teku

Blue	Shuɗi
Boat	Kwalliya
Coast	Shekaru
Crab	Kaguwa
Dock	Dok
Island	Tsibirin
Lagoon	Lagoon
Reef	Reef
Sailboat	Jirgin Ruwa
Sand	Sando
Sandals	Sandali
Sea	Teku
Sun	Rana
Towel	Tawul
Umbrella	Lamba
Vacation	Hutu

Bees
Kudan Zuma

Beneficial	Da Amfani
Blossom	Fure
Diversity	Banbancin
Flowers	Furai
Food	Abinci
Fruit	'Ya'Ya
Garden	Lambun
Hive	Hiv
Honey	Zuma
Insect	Kwari
Plants	Tsirrai
Pollen	Pollen
Pollinator	Pollinator
Queen	Sarauniya
Smoke	Hayaki
Sun	Rana
Swarm	Taro
Wax	Kakin Zuma
Wings	Fuka-Fuki

Birds
Tsuntsaye

Canary	Canary
Chicken	Kaza
Crow	Cow
Cuckoo	Cuckoo
Dove	Kurciya
Duck	Duk
Eagle	Mikiya
Egg	Kwai
Flamingo	Flamingo
Goose	Goose
Heron	Heron
Ostrich	Jimina
Parrot	Aku
Peacock	Kwaski
Pelican	Pelican
Penguin	Penguin
Sparrow	Bayani
Stork	Stork
Swan	Swan
Toucan	Toucan

Birthday
Ranar Haihuwar

Born	Haihuwa
Cake	Kek
Calendar	Kalanda
Candles	Kandali
Cards	Katunan
Celebration	Biki
Day	Rana
Friends	Abokai
Fun	Nishadi
Gift	Kyauta
Happy	Farin Ciki
Invitations	Gayyata
Song	Waka
Special	Musamman
Time	Lokaci
Wisdom	Hikima
Year	Shekara
Young	Matasa

Boats
Jiragen Ruwa

Anchor	Anga
Buoy	Buoy
Canoe	Kanoe
Crew	Kungiya
Dock	Dok
Engine	Injin
Ferry	Jirgin Fito
Kayak	Kayak
Lake	Tafkin
Mast	Mas
Nautical	Nautical
River	Kogi
Rope	Igiya
Sailor	Sarki
Sea	Teku
Tide	Tide
Yacht	Jirgin Ruwa

Books

Littattafai

Adventure	Kaduwa
Author	Marubuci
Collection	Tari
Context	Duniya
Duality	Tagwaye
Epic	Almara
Historical	Tarihi
Humorous	Mai Hankali
Inventive	Kyauta
Literary	Adabi
Page	Shafi
Poetry	Waka
Reader	Mai Karatu
Relevant	Dacewa
Series	Jeri
Story	Labari
Tragic	Malumci
Written	Rubutu

Buildings

Gine-Gine

Apartment	Apartment
Barn	Yara
Cabin	Gida
Castle	Kastle
Cathedral	Katodra
Cinema	Sinima
Embassy	Jakada
Factory	Farko
Farm	Gona
Garage	Gareji
Hospital	Asibiti
Hotel	Otal
Observatory	Lura
School	Makaranta
Stadium	Filin Wasa
Supermarket	Babban Kanti
Tent	Tanti
Tower	Hasumiya
University	Jami'A
Workshop	Bita

Camping

Zango

Adventure	Kaduwa
Animals	Dabbobi
Cabin	Gida
Canoe	Kanoe
Compass	Kamfas
Fire	Wuta
Forest	Daji
Fun	Nishadi
Hammock	Raga
Hat	Hatin
Hunting	Faruwa
Insect	Kwari
Lake	Tafkin
Map	Taswira
Moon	Wata
Mountain	Dutse
Nature	Dabi'A
Rope	Igiya
Tent	Tanti
Trees	Itatuwa

Castles

Castles

Armor	Arko
Catapult	Gwafa
Crown	Kambi
Dragon	Dragon
Dynasty	Daular
Empire	Mulki
Horse	Doki
Knight	Gaskiya
Noble	Kyauta
Palace	Fadar
Prince	Yarima
Princess	Gimbiya
Shield	Garkuwa
Sword	Takobi
Tower	Hasumiya
Unicorn	Unicorn
Wall	Bango

Cats

Cats

Crazy	Mahaukaci
Curious	M
Hunter	Mafarauci
Independent	Mai 'Yanci
Little	Kadan
Paw	Paw
Personality	Hali
Playful	Wasa
Shy	Kunya
Sleep	Barci
Tail	Wuta
Wild	Daji
Yarn	Yarn

Championship

Gasar Zakarun Turai

Champion	Zakara
Coach	Koci
Finalist	Karshe
Judge	Alkali
League	League
Medal	Lalamai
Motivation	Dalili
Performance	Yi
Perspiration	Gumi
Sports	Wasanni
Strategy	Dabarun
Team	Kungiya
Tournament	Gasar
Victory	Nasara

Chess
Dara

Black	Baki
Champion	Zakara
Contest	Gaskiya
Diagonal	Layi
Game	Wasa
King	Sarki
Opponent	'Yan Adawa
Passive	Mulki
Player	Dan Wasa
Queen	Sarauniya
Sacrifice	Sadaukarwa
Strategy	Dabarun
Time	Lokaci
Tournament	Gasar
White	Fari

Chocolate
Cakulan

Antioxidant	Antioxidant
Bitter	Daci
Cacao	Cacao
Calories	Kalories
Caramel	Karamel
Coconut	Kwakwa
Exotic	Mafita
Flavor	Dadi
Ingredient	Sunadarai
Peanuts	Gyada
Quality	Kyauta
Recipe	Girki
Sugar	Sukari
Sweet	Mai Dadi
Taste	Dandano

Circus
Circus

Acrobat	Acrobat
Animals	Dabbobi
Balloons	Balloon
Costume	Kyauta
Elephant	Giwa
Lion	Zaki
Magic	Sihiri
Monkey	Biri
Music	Kiɗa
Parade	Farati
Show	Nuna
Spectacular	Mamaki
Tent	Tanti
Tiger	Tiger
Trick	Zabar

Climbing
Hawa

Altitude	Tsawo
Atmosphere	Yanayi
Boots	Takalma
Cave	Kogo
Curiosity	Son Sani
Expert	Gwani
Gloves	Safofin Hannu
Helmet	Koluwa
Hiking	Tafiya
Injury	Runi
Map	Taswira
Narrow	Kungiyar
Stability	Kwance
Strength	Karfi
Training	Horo

Clothes
Tufafi

Apron	Gaba
Belt	Bel
Blouse	Budurwa
Bracelet	Munnu
Coat	Gashi
Dress	Rigar
Fashion	Fashin
Gloves	Safofin Hannu
Hat	Hatin
Jacket	Jaket
Jeans	Jean
Necklace	Wuya
Pajamas	Kayan Bacci
Pants	Wando
Sandals	Sandali
Scarf	Mayafi
Shirt	Shirt
Shoe	Takalla
Skirt	Siket
Sweater	Seater

Colors
Launuka

Azure	Azure
Beige	Beige
Black	Baki
Blue	Shuɗi
Cyan	Cyan
Fuchsia	Fuchsia
Green	Kore
Grey	Grayya
Magenta	Magenta
Orange	Orange
Pink	Ruwan Hoda
Purple	M
Red	Ja
Sepia	Sepia
Violet	Violet
White	Fari
Yellow	Yelu

Conservation
Kiyayewa

Chemicals	Kemikal
Climate	Yayinda
Cycle	Zagaya
Education	Ilimi
Environmental	Mahali
Green	Kore
Health	Lafiya
Natural	Halitta
Organic	Gaskiya
Pesticide	Kwari
Pollution	Gurbata
Water	Ruwa

Cooking Tools
Kayan Aikin Dafa Abinci

Colander	Colander
Cutlery	Kayan Yanka
Grater	Mafi Girma
Kettle	Buta
Knife	Wuka
Lid	Lid
Oven	Tana
Refrigerator	Firiji
Scissors	Cissors
Spatula	Spatula
Spoon	Ciki
Stove	Taura

Countries #2
Kasashe #2

Albania	Albaniya
Denmark	Denmark
Ethiopia	Ethiopia
Greece	Greece
Haiti	Haiti
Jamaica	Jamaica
Japan	Japan
Laos	Laos
Lebanon	Lebanon
Liberia	Liberia
Mexico	Mexico
Nepal	Nepal
Nigeria	Nigeria
Pakistan	Pakistan
Russia	Rasha
Somalia	Somalia
Sudan	Sudan
Syria	Syria
Uganda	Uganda
Ukraine	Ukraine

Dance
Rawa

Academy	Academy
Art	Fasaha
Body	Jiki
Choreography	Kyauta
Classical	Na Gargajiya
Culture	Al'Ada
Emotion	Jin Kai
Expressive	Mafarki
Grace	Alheri
Movement	Motsa
Music	Kiɗa
Partner	Abunci
Rhythm	Kari

Days and Months
Kwanaki da Watanni

April	Afrilu
August	Agusta
Calendar	Kalanda
February	Fabrairu
Friday	Juma'A
January	Janairu
July	Yuli
March	Maris
Monday	Litinin
Month	Wata
November	Nomba
October	Oktoba
Saturday	Asabar
September	Satumba
Sunday	Lahadi
Thursday	Alhamis
Tuesday	Talata
Wednesday	Laraba
Week	Sati
Year	Shekara

Dinosaurs
Dinosaur

Disappearance	Bauta
Earth	Duniya
Enormous	Babban
Evolution	Juyin Halitta
Herbivore	Harbivore
Large	Babba
Mammoth	Mammoth
Omnivore	Onivore
Powerful	Karfi
Prehistoric	Tsoho
Reptile	Maciji
Size	Girma
Tail	Wuta
Vicious	Mugunta
Wings	Fuka-Fuki

Driving
Tuki

Brakes	Birki
Danger	Hadari
Driver	Direba
Fuel	Fatar
Garage	Gareji
Gas	Gas
License	Lasis
Map	Taswira
Motor	Mota
Motorcycle	Babur
Pedestrian	Mai Tafiya
Police	'Yan Sanda
Road	Hanya
Safety	Tsira
Speed	Sauri
Street	Titi
Traffic	Ciki
Transportation	Sauki
Truck	Mota
Tunnel	Rami

Ecology
Kimiyyar Halittu

Climate	Yayinda
Communities	Al'Umma
Diversity	Banbancin
Drought	Fari
Fauna	Fauna
Flora	Fure
Global	Duniya
Marine	Game da Ruwa
Marsh	Marsh
Natural	Halitta
Nature	Dabi'A
Plants	Tsirrai
Resources	Asabar
Survival	Tsira
Vegetation	Ciyayi

Emotions
Motsin Zuciyar

Anger	Fushi
Bliss	Ni'Ima
Calm	Kwanta
Fear	Tsoro
Grateful	Godiya
Joy	Murna
Kindness	Alheri
Love	Soyayya
Peace	Zaman Lafiya
Sadness	Bakin Ciki
Satisfied	Gamsu
Sympathy	Juyayi
Tenderness	Taushi
Tranquility	Natsuwa

Family
Iyali

Ancestor	Kakane
Aunt	Inna
Childhood	Yaro
Children	Yara
Cousin	Dan Uwa
Daughter	'Yar
Father	Uba
Grandchild	Jikan
Grandfather	Kaka
Grandson	Jika
Husband	Miji
Mother	Uwa
Nephew	Dan Wa
Niece	Nice
Paternal	Na Uba
Sister	Yar'Uwa
Uncle	Kane
Wife	Mata

Farm #1
Gona #1

Agriculture	Nona
Bee	Kudan Zuma
Bison	Bison
Calf	Maraki
Cat	Mage
Chicken	Kaza
Cow	Sannu
Crow	Cow
Dog	Kare
Donkey	Jiki
Fence	Farko
Fertilizer	Taki
Field	Filin
Goat	Awaki
Hay	Akwai
Honey	Zuma
Horse	Doki
Rice	Shinkafa
Seeds	Tsari
Water	Ruwa

Farm #2
Gona #2

Animals	Dabbobi
Barley	Sha'Ir
Barn	Yara
Corn	Masara
Duck	Duk
Farmer	Manomi
Food	Abinci
Fruit	'Ya'Ya
Irrigation	Ruwa
Lamb	Dan Tunkiya
Llama	Harshen Wuta
Meadow	Kyauta
Milk	Madara
Orchard	Orchard
Sheep	Tumaki
Tractor	Tarakta
Wheat	Alama
Windmill	Windill

Fishing
Kamun Kifi

Bait	Koto
Basket	Kwando
Beach	Bakin Teku
Boat	Kwalliya
Cook	Dafa
Exaggeration	Kari
Fins	Lafiya
Gills	Gills
Hook	Kyauta
Jaw	Mukamuki
Lake	Tafkin
Ocean	Teku
Patience	Hakuri
River	Kogi
Water	Ruwa
Weight	Nuna

Flowers
Fure-Fure

Bouquet	Bouquet
Clover	Clover
Daisy	Daisy
Gardenia	Lambu
Hibiscus	Hibiscus
Jasmine	Jasmine
Lavender	Nau'in Fure
Lilac	Lilac
Lily	Lily
Magnolia	Magnolia
Orchid	Orchid
Petal	Fure
Plumeria	Plumeria
Sunflower	Furen Rana
Tulip	Tulip

Food #1
Abinci #1

Apricot	Apricot
Barley	Sha'Ir
Carrot	Karas
Cinnamon	Kirfa
Garlic	Tafarnuwa
Juice	Ruwa
Lemon	Lemun Tsami
Milk	Madara
Onion	Albasa
Peanut	Gyada
Pear	Pear
Salad	Salak
Salt	Gishiri
Soup	Miya
Spinach	Alayyafo
Strawberry	Sauranci
Sugar	Sukari
Tofu	Tofu
Tuna	Kifin Tuna
Turnip	Turawa

Food #2
Abinci #2

Apple	Apple
Artichoke	Artichoke
Banana	Ayaba
Broccoli	Broccoli
Celery	Celery
Cheese	Cuku
Cherry	Ceri
Chicken	Kaza
Chocolate	Cakulan
Egg	Kwai
Eggplant	Kwai
Fish	Kifi
Grape	Inabi
Ham	Naman Alade
Kiwi	Kiwi
Mushroom	Naman Kaza
Rice	Shinkafa
Tomato	Tumatir
Wheat	Alama
Yogurt	Yogurt

Fruit
'Ya'yan Itace

Apple	Apple
Apricot	Apricot
Avocado	Fiyar Abakado
Banana	Ayaba
Berry	Nau'in Tuffa
Cherry	Ceri
Coconut	Kwakwa
Fig	Fig
Grape	Inabi
Guava	Guawa
Kiwi	Kiwi
Lemon	Lemun Tsami
Mango	Mangoro
Melon	Guna
Nectarine	Nectarine
Papaya	Gwanda
Peach	Peach
Pear	Pear
Pineapple	Abarba
Raspberry	Rasberi

Garden
Lambuna

Bench	Benci
Bush	Daji
Fence	Farko
Flower	Fura
Garage	Gareji
Garden	Lambun
Grass	Cigawa
Hammock	Raga
Hose	Tiyo
Orchard	Orchard
Pond	Tafdi
Rake	Rake
Shovel	Shebur
Terrace	Baranda
Trampoline	Trampoline
Tree	Itace
Vine	Zuwa
Weeds	Ciyo

Geography

Geography

Altitude	Tsawo
Atlas	Atlas
City	Gari
Continent	Nahiya
Country	Kasa
Hemisphere	Halifa
Island	Tsibirin
Latitude	Latitude
Longitude	Tsayi
Map	Taswira
Meridian	Merdian
Mountain	Dutse
North	Arewa
Region	Yanki
River	Kogi
Sea	Teku
South	Kudu
Territory	Kasa
West	Yamma
World	Duniya

Geology

Kimiyyar Halittu

Acid	Acid
Calcium	Calcium
Cavern	Kogon Dutse
Continent	Nahiya
Coral	Murjani
Crystals	Kristas
Cycles	Zagaya
Earthquake	Girgizar Kasa
Erosion	Wuta
Lava	Lava
Layer	Zaren
Minerals	Ma'Adanai
Molten	Narkarwa
Quartz	Ma'Adini
Salt	Gishiri
Stalactite	Stalactite
Stalagmites	Stalagmites
Stone	Dutse
Zone	Sashi

Hair Types

Nau'in Gashi

Bald	Sanko
Black	Baki
Braided	Tuka
Braids	Zare
Curls	Gashi
Curly	Curly
Dry	Bushe
Gray	Grayya
Healthy	Lafiya
Long	Dogo
Shiny	Shine
Short	Gajere
Soft	Laushi
Thick	Kauri
Wavy	Kadi
White	Fari

Herbalism

Herbalism

Aromatic	Mai Kanshi
Beneficial	Da Amfani
Culinary	Culina
Flavor	Dadi
Flower	Fura
Garden	Lambun
Garlic	Tafarnuwa
Green	Kore
Ingredient	Sunadarai
Lavender	Nau'in Fure
Marjoram	Marjoram
Mint	Na'Ana
Oregano	Oregano
Parsley	Faski
Plant	Shuka
Quality	Kyauta
Rosemary	Fure
Saffron	Saffron
Tarragon	Tarragon
Thyme	Thyme

Hiking

Tafiya

Animals	Dabbobi
Boots	Takalma
Camping	Zango
Climate	Yayinda
Heavy	Nauyi
Map	Taswira
Mountain	Dutse
Nature	Dabi'A
Orientation	Jawabi
Preparation	Shiri
Stones	Duwatsu
Summit	Taron
Sun	Rana
Tired	Gajiya
Water	Ruwa
Wild	Daji

House

Hukunci

Attic	Mai Ɗoyi
Broom	Tsoka
Curtains	Labutu
Door	Kofa
Fence	Farko
Fireplace	Wuta
Floor	Bene
Furniture	Kayan Aiki
Garage	Gareji
Garden	Lambun
Keys	Malamai
Kitchen	Kicin
Lamp	Fitila
Library	Labari
Mirror	Madubi
Roof	Rufe
Room	Zaki
Shower	Shawa
Wall	Bango
Window	Taga

Human Body
Jikin dan Adam

Ankle	Wuta
Blood	Jini
Bones	Kashi
Brain	Kwalliya
Chin	Cin
Ear	Kunne
Elbow	Gindi
Face	Fuska
Finger	Yatsa
Hand	Hannu
Head	Kai
Heart	Zuciya
Jaw	Mukamuki
Knee	Gwiwa
Leg	Kafa
Mouth	Baki
Neck	Wuya
Nose	Hanci
Shoulder	Kafada
Skin	Fata

Insects
Insari

Ant	Ant
Bee	Kudan Zuma
Beetle	Kwaro
Butterfly	Buɗe Ido
Cicada	Cicada
Dragonfly	Jaruwa
Flea	Kwari
Grasshopper	Kwankwaso
Ladybug	Ladybug
Larva	Tsutsa
Locust	Fara
Mantis	Mantis
Mosquito	Sauro
Moth	Asu
Termite	Kwari, Kwaro
Wasp	Zanzaro

Kitchen
Kitchen

Apron	Gaba
Bowl	Kwano
Cups	Kofuna
Food	Abinci
Freezer	Kyauta
Grill	Gasa
Jar	Gilashi
Jug	Jug
Kettle	Buta
Knives	Wuka
Napkin	Tsumma
Oven	Tana
Recipe	Girki
Refrigerator	Firiji
Sponge	Soso
Spoons	Cokali

Landscapes
Shimfidar Wuri

Beach	Bakin Teku
Cave	Kogo
Cove	Cove
Desert	Hamada
Dunes	Yashi
Estuary	Gaskiya
Glacier	Glacier
Gulf	Gulf
Hill	Tudu
Island	Tsibirin
Lake	Tafkin
Mountain	Dutse
Oasis	Zango
Peninsula	Sashin Teku
River	Kogi
Sea	Teku
Swamp	Fadama
Tundra	Tundra
Valley	Kwari
Waterfall	Ruwan Ruwa

Literature
Littattafai

Analogy	Misalin
Analysis	Bincike
Anecdote	Labari
Author	Marubuci
Biography	Tarbiyya
Comparison	Kwanta
Conclusion	Karshe
Description	Bayani
Dialogue	Maganar
Fiction	Almara
Metaphor	Misali
Opinion	Ra'Ayi
Poem	Waka
Poetic	Waqa
Rhyme	Dacewa
Rhythm	Kari
Style	Salo
Theme	Jam'I
Tragedy	Musiba

Mammals
Dabbobi Masu Shayarwa

Bear	Kai
Beaver	Beaver
Bull	Bull
Cat	Mage
Coyote	Coyote
Dog	Kare
Dolphin	Dolphin
Elephant	Giwa
Fox	Fox
Giraffe	Giraffe
Gorilla	Gorilla
Horse	Doki
Kangaroo	Kangaroo
Lion	Zaki
Monkey	Biri
Rabbit	Zomo
Sheep	Tumaki
Whale	Wale
Wolf	Kerkef
Zebra	Zebra

Math

Lissafi

Angles	Kungiya
Circumference	Yawaita
Decimal	Na Zamani
Diameter	Diamita
Equation	Daidaituwa
Exponent	Bayani
Fraction	Karya
Geometry	Lissafi
Parallel	Mataki
Polygon	Polygon
Rectangle	Retangle
Square	Murabba'I
Symmetry	Fasali
Triangle	Alwatika
Volume	Murya

Measurements

Ma'Auni

Byte	Byte
Centimeter	Santimita
Decimal	Na Zamani
Degree	Digiri
Depth	Zurfi
Gram	Gram
Height	Tsayi
Inch	Inci
Kilogram	Kilogram
Kilometer	Kilomita
Length	Tsoro
Liter	Lita
Mass	Taro
Meter	Mita
Minute	Minti
Ounce	Oza
Ton	Sautin
Volume	Murya
Weight	Nuna
Width	Fada

Meditation

Tunani

Acceptance	Yarda
Awake	Fada
Calm	Kwanta
Clarity	Kyauta
Compassion	Tausayi
Gratitude	Godiya
Kindness	Alheri
Mental	Hankali
Mind	Hankali
Movement	Motsa
Music	Kiɗa
Nature	Dabi'A
Peace	Zaman Lafiya
Perspective	Hankali
Silence	Shiru
Thoughts	Tunani

Musical Instruments

Musical Kida

Banjo	Banjo
Bassoon	Algaita
Cello	Cello
Clarinet	Sarewa
Drum	Ganga
Flute	Faruwa
Gong	Gong
Guitar	Guitar
Harp	Garaya
Mandolin	Mandolin
Marimba	Marimba
Oboe	Oboe
Percussion	Tsoro
Piano	Fiyano
Saxophone	Saxophone
Tambourine	Nau'rar Kida
Trombone	Tsoron
Trumpet	Kakaki
Violin	Violin

Mythology

Tatsuniyoyi

Archetype	Archetype
Behavior	Hali
Beliefs	Imani
Creature	Halitta
Culture	Al'Ada
Disaster	Bala'I
Heaven	Sama
Immortality	Mutuwa
Jealousy	Kishi
Labyrinth	Labari
Lightning	Walkiya
Monster	Dodo
Mortal	Mutum
Revenge	Fasiya
Strength	Karfi
Thunder	Tsada
Warrior	Jarumi

Nature

Yanayi

Animals	Dabbobi
Arctic	Arctic
Beauty	Kyau
Clouds	Girgije
Desert	Hamada
Dynamic	Tsauri
Erosion	Wuta
Fog	Hazo
Foliage	Ganye
Forest	Daji
Glacier	Glacier
River	Kogi
Sanctuary	Hukunci
Serene	Natsuwa
Tropical	Maganar Nan
Vital	Muhimmiya

Numbers

Lambobi

Decimal	Na Zamani
Eight	Takwas
Five	Biyar
Four	Hudu
Fourteen	Goma sha Hudu
Nine	Tara
Nineteen	Goma sha Tara
One	Daya
Seven	Bakwai
Six	Shida
Ten	Goma
Thirteen	Goma sha Uku
Three	Uku
Twelve	Sha Biyu
Twenty	Ashirin
Two	Biyu
Zero	Sifili

Nutrition

Abinci mai Gina Jiki

Appetite	Ci
Balanced	Mataki
Bitter	Daci
Calories	Kalories
Carbohydrates	Carbohydrates
Diet	Abinci
Digestion	Narkewa
Fermentation	Ciyarwa
Flavor	Dadi
Health	Lafiya
Liquids	Ruwa
Nutrient	Ganin Jini
Proteins	Sunaroyin
Quality	Kyauta
Sauce	Miya
Toxin	Toxin
Vitamin	Bitamin
Weight	Nuna

Ocean

Tekun

Algae	Algae
Boat	Kwalliya
Coral	Murjani
Crab	Kaguwa
Dolphin	Dolphin
Eel	Giya
Fish	Kifi
Oyster	Kawa
Reef	Reef
Salt	Gishiri
Shark	Kifin Sharki
Shrimp	Jatan Lande
Sponge	Soso
Storm	Guguwa
Tuna	Kifin Tuna
Turtle	Kunkun
Whale	Wale

Pets

Dabbobi

Cat	Mage
Collar	Kwala
Cow	Sannu
Dog	Kare
Fish	Kifi
Food	Abinci
Goat	Awaki
Hamster	Hamster
Kitten	Kittan
Lizard	Lizarci
Parrot	Aku
Puppy	Kwana
Rabbit	Zomo
Tail	Wuta
Turtle	Kunkun
Veterinarian	Dan Veterinar
Water	Ruwa

Pirates

'Yan Fashin Teku

Adventure	Kaduwa
Anchor	Anga
Bad	Mara Kyau
Beach	Bakin Teku
Captain	Kyaftin
Cave	Kogo
Coins	Cinsu
Compass	Kamfas
Crew	Kungiya
Danger	Hadari
Flag	Tuta
Gold	Zinari
Island	Tsibirin
Legend	Labari
Map	Taswira
Parrot	Aku
Rum	Dakuna
Scar	Tabo
Sword	Takobi
Treasure	Taska

Plants

Tsire-Tsire

Bamboo	Kwangwala
Bean	Wake
Berry	Nau'in Tuffa
Botany	Ilimin Shuka
Cactus	Katsina
Fertilizer	Taki
Flora	Fure
Flower	Fura
Foliage	Ganye
Forest	Daji
Garden	Lambun
Grass	Cigawa
Grow	Girma
Ivy	Ivy
Moss	Gansakuka
Petal	Fure
Root	Tushe
Stem	Tutu
Tree	Itace
Vegetation	Ciyayi

Professions #1

Sana'o'i #1

Ambassador	Jakadan
Astronomer	Mai Sanarwa
Attorney	Lauya
Banker	Banki
Cartographer	Mai Zane
Coach	Koci
Dancer	Mai Rawa
Doctor	Likita
Editor	Edita
Firefighter	Mai Girma
Hunter	Mafarauci
Jeweler	Kayan Ado
Musician	Mawaki
Nurse	Nas
Pianist	Madubiyo
Psychologist	Ilmin Ilmi
Sailor	Sarki
Scientist	Malamai
Tailor	Tela
Veterinarian	Dan Veterinar

Professions #2

Sana'o'i #2

Astronaut	Bayani
Detective	Gano
Engineer	Injini
Farmer	Manomi
Gardener	Mai Girma
Illustrator	Misali
Inventor	Mai Kirkiro
Journalist	Dan Jarida
Librarian	Librarian
Painter	Mai Zane
Philosopher	Falsafa
Photographer	Hoto
Physician	Likita
Researcher	Mai Bincike
Teacher	Malami
Zoologist	Kishiyar Zuwa

Rainforest

Dajin Rainforest

Birds	Tsuntsaye
Botanical	Botanical
Climate	Yayinda
Clouds	Girgije
Community	Al'Umma
Diversity	Banbancin
Insects	Kwari
Mammals	Malamai
Moss	Gansakuka
Nature	Dabi'A
Preservation	Kiyaye
Refuge	Fuska
Respect	Girmamawa
Restoration	Mayarwa
Survival	Tsira
Valuable	Mai Kyau

Restaurant #1

Gidan cin Abinci #1

Allergy	Alerji
Bowl	Kwano
Bread	Bura
Chicken	Kaza
Coffee	Kofi
Dessert	Kayan Zaki
Food	Abinci
Kitchen	Kicin
Knife	Wuka
Meat	Nama
Napkin	Tsumma
Reservation	Jawabi
Sauce	Miya
Spicy	Mai Yaji
Waitress	Jira

Restaurant #2

Gidan cin Abinci #2

Cake	Kek
Chair	Kujera
Delicious	Dadi
Dinner	Din Din
Fish	Kifi
Fruit	'Ya'Ya
Ice	Kankara
Noodles	Taliya
Salad	Salak
Salt	Gishiri
Soup	Miya
Spoon	Ciki
Vegetables	Kayan Uwa
Waiter	Sabis
Water	Ruwa

School #1

Makaranta #1

Alphabet	Alfabe
Answers	Amsa
Books	Littafai
Chair	Kujera
Classroom	Aji
Exams	Jarrabawa
Folders	Bayani
Friends	Abokai
Fun	Nishadi
Library	Labari
Paper	Takarda
Pencil	Fensir
Pens	Alkalami
Quiz	Tambaya
Teacher	Malami

School #2

Makaranta #2

Activities	Ayyuka
Backpack	Back
Books	Littafai
Bus	Bas
Calendar	Kalanda
Computer	Kwamfuta
Dictionary	Kamus
Education	Ilimi
Eraser	Gogewa
Friends	Abokai
Grammar	Nahawu
Library	Labari
Literature	Adabi
Paper	Takarda
Pencil	Fensir
Science	Kimiyya
Scissors	Cissors
Supplies	Kayana
Teacher	Malami
Weekends	Karshen Mako

Science

Kimiyya

Atom	Kwayar Zarra
Chemical	Kyautata
Climate	Yayinda
Data	Bayanai
Evolution	Juyin Halitta
Experiment	Gwaji
Fact	Gaskiya
Gravity	Nauyi
Hypothesis	Tsammani
Method	Hanya
Minerals	Ma'Adanai
Molecules	Kwayoyin
Nature	Dabi'A
Particles	Bayani
Physics	Jini
Plants	Tsirrai
Scientist	Malamai

Science Fiction

Fiction Kimiyya

Atomic	Atomic
Books	Littafai
Chemicals	Kemikal
Cinema	Sinima
Dystopia	Distopia
Fantastic	Dama
Fire	Wuta
Futuristic	Gabatarwa
Galaxy	Galaxy
Imaginary	Hassada
Mysterious	Sirri
Oracle	Oracle
Planet	Duniyar
Technology	Fasaha
Utopia	Topia
World	Duniya

Scientific Disciplines

Ciye-Ciyen Kimiyya

Anatomy	Anatomiyya
Archaeology	Arki
Astronomy	Ilmin Taurari
Biochemistry	Biochemistry
Biology	Ilmin Halitta
Botany	Ilimin Shuka
Geology	Ilimin Kasa
Immunology	Rigakafi
Kinesiology	Kinesiology
Linguistics	Harshe
Mechanics	Makanikai
Meteorology	Sanarwa
Mineralogy	Ma'Adanai
Neurology	Jini
Nutrition	Ciyarwa
Robotics	Yaro-Ba-} Uya
Zoology	Zuwan Zuwa

Shapes

Siffofi

Arc	Baka
Circle	Da'Ira
Cone	Kone
Corner	Kusiya
Cube	Kumburi
Curve	Karya
Cylinder	Silinda
Edges	Gefuna
Ellipse	Cire
Hyperbola	Hyperbola
Line	Layi
Oval	Siffar Kwai
Polygon	Polygon
Prism	Prism
Pyramid	Dala
Rectangle	Retangle
Side	Gefe
Square	Murabba'I
Triangle	Alwatika

Spices

Kayan Yaji

Anise	Anise
Bitter	Daci
Cardamom	Cardamom
Cinnamon	Kirfa
Clove	Kanamfari
Coriander	Coriander
Cumin	Cumin
Curry	Karya
Fenugreek	Fengreek
Flavor	Dadi
Garlic	Tafarnuwa
Ginger	Citta
Licorice	Licorice
Nutmeg	Nutmeg
Onion	Albasa
Paprika	Paprika
Saffron	Saffron
Salt	Gishiri
Sweet	Mai Dadi
Vanilla	Banila

Sports
Wasanni

Baseball	Baseball
Basketball	Kwando
Bicycle	Kekeke
Championship	Gasar
Coach	Koci
Game	Wasa
Golf	Golf
Hockey	Hockey
Movement	Motsa
Player	Dan Wasa
Referee	Alkali
Stadium	Filin Wasa
Team	Kungiya
Tennis	Wasan Tennis
Winner	Nasara

Summer
Lokacin Bazara

Beach	Bakin Teku
Books	Littafai
Camping	Zango
Diving	Nutsuwa
Family	Iyali
Food	Abinci
Friends	Abokai
Games	Wasanni
Garden	Lambun
Joy	Murna
Leisure	Dama
Music	Kiɗa
Relaxation	Janada
Sandals	Sandals
Sea	Teku
Stars	Taurari
Travel	Tafiya
Vacation	Hutu

Surfing
Hawan Igiyar Ruwa

Athlete	Dan Wasa
Beach	Bakin Teku
Beginner	Mafari
Champion	Zakara
Crowds	Jama'A
Foam	Kumfa
Fun	Nishadi
Ocean	Teku
Popular	Shahara
Reef	Reef
Speed	Sauri
Stomach	Ciki
Strength	Karfi
Style	Salo
Wave	Guda

Technology
Fasaha

Blog	Shafi
Browser	Mai Bincike
Bytes	Bytes
Camera	Kamara
Computer	Kwamfuta
Cursor	Manuniya
Data	Bayanai
Digital	Dijital
File	Fayil
Internet	Internet
Message	Sako
Screen	Allo
Security	Tsaro
Software	Software
Statistics	Kididdiga
Virtual	Kama-Da-Wane
Virus	Kwayar Cuta

Time
Lokaci

After	Bayan
Annual	Shekara
Before	A Da
Calendar	Kalanda
Century	Karni
Clock	Agogo
Day	Rana
Future	Gaba
Hour	Saa
Minute	Minti
Moment	Lokaci
Month	Wata
Morning	Safe
Night	Dare
Now	Yanzu
Soon	Anjima
Today	Yau
Tomorrow	Gobe
Week	Sati
Yesterday	Jiya

To Fill
Don Cika

Bag	Jaka
Barrel	Ganga
Basket	Kwando
Bottle	Kwaluba
Box	Akwati
Bucket	Guda
Drawer	Zango
Envelope	Ambulan
Folder	Babban Fayil
Jar	Gilashi
Pocket	Aljiji
Tray	Tire
Tube	Bututu
Vase	Gilashin Fure

Tools
Kayayyakin Aiki

Axe	Ax
Cable	Waya
Glue	Manne
Hammer	Guduma
Knife	Wuka
Ladder	Tsani
Mallet	Malet
Pliers	Matattara
Razor	Raza
Rope	Igiya
Scissors	Cissors
Screw	Dunkule
Shovel	Shebur
Stapler	Matsakaiciya
Torch	Wuta
Wheel	Wili

Town
Gari

Airport	Jirgin Sama
Bakery	Gidan Burodi
Bank	Banki
Bookstore	Kasin Littafi
Cinema	Sinima
Clinic	Asibiti
Florist	Fuluwa
Gallery	Gallery
Hotel	Otal
Library	Labari
Market	Kasuwa
Pharmacy	Kantin Magani
School	Makaranta
Stadium	Filin Wasa
Store	Shago
Supermarket	Babban Kanti
University	Jami'A
Zoo	Zoo

Toys
Kayan Wasan Yara

Airplane	Jirgin Sama
Ball	Kwallon
Bicycle	Kekeke
Boat	Kwalliya
Books	Littafai
Chess	Dara
Clay	Yumbu
Crafts	Sana'A
Doll	Yar Tsana
Drums	Ganga
Games	Wasanni
Imagination	Tunanin
Kite	Kit
Robot	Robot
Truck	Mota

Vacation #2
Hutu #2

Airport	Jirgin Sama
Beach	Bakin Teku
Camping	Zango
Destination	Masoya
Foreign	Wajen
Foreigner	Babe
Hotel	Otal
Island	Tsibirin
Journey	Tafiya
Leisure	Dama
Map	Taswira
Passport	Fasfo
Sea	Teku
Taxi	Taksi
Tent	Tanti
Transportation	Sauki
Visa	Show

Vegetables
Kayan Lambu

Artichoke	Artichoke
Broccoli	Broccoli
Carrot	Karas
Cauliflower	Farin Kabeji
Celery	Celery
Cucumber	Kokwamba
Eggplant	Kwai
Garlic	Tafarnuwa
Ginger	Citta
Mushroom	Naman Kaza
Onion	Albasa
Parsley	Faski
Pea	Kai
Pumpkin	Kabewa
Radish	Radish
Salad	Salak
Shallot	Babu
Spinach	Alayyafo
Tomato	Tumatir
Turnip	Turawa

Vehicles
Ababen Hawa

Airplane	Jirgin Sama
Bicycle	Kekeke
Boat	Kwalliya
Bus	Bas
Caravan	Caravan
Engine	Injin
Ferry	Jirgin Fito
Helicopter	Helikafta
Motor	Mota
Rocket	Roka
Scooter	Scooter
Taxi	Taksi
Tires	Taya
Tractor	Tarakta
Truck	Mota
Van	Van

Virtues #1

Dabi'u #1

Artistic	Fasaha
Charming	Mai Kyau
Clean	Tsafta
Curious	M
Decisive	Hukunci
Efficient	Inganci
Generous	Mai Girma
Good	Kyau
Helpful	Taimako
Independent	Mai 'Yanci
Modest	Mafiya
Patient	Mai Hakuri
Reliable	Aminci

Visual Arts

Kayayyakin Kayayyakin Ka

Architecture	Gine
Chalk	Alli
Clay	Yumbu
Creativity	Kerawa
Film	Fim
Masterpiece	Masarauta
Pen	Alkalami
Pencil	Fensir
Perspective	Hankali
Portrait	Hoto
Sculpture	Kyauta
Stencil	Stencil
Wax	Kakin Zuma

Water

Ruwa

Canal	Canal
Evaporation	Hawuwa
Flood	Ambaliya
Frost	Sanyi
Humidity	Gumi
Hurricane	Guguwa
Ice	Kankara
Lake	Tafkin
Moisture	Danshi
Monsoon	Monsoon
Ocean	Teku
Rain	Ruwa
River	Kogi
Shower	Shawa
Snow	Dusar Kankara
Steam	Tururi

Weather

Yanayi

Atmosphere	Yanayi
Calm	Kwanta
Climate	Yayinda
Cloud	Gajimare
Drought	Fari
Dry	Bushe
Flood	Ambaliya
Fog	Hazo
Ice	Kankara
Lightning	Walkiya
Monsoon	Monsoon
Polar	Polar
Rainbow	Bakan Gizo
Sky	Sama
Storm	Guguwa
Temperature	Zafin
Thunder	Tsada
Tornado	Tornado
Tropical	Maganar Nan
Wind	Iska

Congratulations

You made it!

We hope you enjoyed this book as much as we enjoyed making it. We do our best to make high quality games.
These puzzles are designed in a clever way for you to learn actively while having fun!

Did you love them?

A Simple Request

Our books exist thanks your reviews. Could you help us by leaving one now?

Here is a short link which will take you to your order review page:

BestBooksActivity.com/Review50

MONSTER CHALLENGE!

Challenge #1

Ready for Your Bonus Game? We use them all the time but they are not so easy to find. Here are **Synonyms**!

Note 5 words you discovered in each of the Puzzles noted below (#21, #36, #76) and try to find 2 synonyms for each word.

Note 5 Words from ***Puzzle 21***

Words	Synonym 1	Synonym 2

Note 5 Words from ***Puzzle 36***

Words	Synonym 1	Synonym 2

Note 5 Words from ***Puzzle 76***

Words	Synonym 1	Synonym 2

Challenge #2

Now that you are warmed-up, note 5 words you discovered in each Puzzle noted below (#9, #17, #25) and try to find 2 antonyms for each word.
How many lines can you do in 20 minutes?

Note 5 Words from ***Puzzle 9***

Words	Antonym 1	Antonym 2

Note 5 Words from ***Puzzle 17***

Words	Antonym 1	Antonym 2

Note 5 Words from ***Puzzle 25***

Words	Antonym 1	Antonym 2

Challenge #3

Wonderful, this monster  challenge is nothing to you!

Ready for the last one? Choose your 10 favorite words discovered in any of the Puzzles and note them below.

1.	6.
2.	7.
3.	8.
4.	9.
5.	10.

Now, using these words and within a maximum of six sentences, your challenge is to compose a text about a person, animal or place that you love!

Tip: You can use the last blank page of this book as a draft!

Your Writing:

NOTEBOOK:

SEE YOU SOON!

Linguas Classics Team

www.ingramcontent.com/pod-product-compliance
Lightning Source LLC
LaVergne TN
LVHW060039210926
848481LV00013B/3911
* 9 7 9 8 3 4 9 0 0 0 9 2 8 *